作者简介

　　王　炎　安徽合肥人，武汉大学经济学博士。现任中国邮政储蓄银行监事会办公室风险监督处处长，先后在工商银行和邮储银行长期从事行业信用风险管理和风险、内控与财务监督工作。

王　炎◎著

中国商业银行
行业信用风险管理研究

人民日报学术文库

人民日报出版社

图书在版编目（CIP）数据

中国商业银行行业信用风险管理研究／王炎著．
—北京：人民日报出版社，2017.3
ISBN 978-7-5115-4575-6

Ⅰ.①中… Ⅱ.①王… Ⅲ.①商业银行—银行信用—
风险管理—研究—中国 Ⅳ.①F832.33

中国版本图书馆 CIP 数据核字（2017）第 045032 号

书　　名：中国商业银行行业信用风险管理研究
著　　者：王　炎

出 版 人：董　伟
责任编辑：林　薇　张炜煜
封面设计：中联学林

出版发行 人民日报出版社

社　　址：北京金台西路 2 号
邮政编码：100733
发行热线：（010）65369527　65369846　65369509　65369510
邮购热线：（010）65369530　65363527
编辑热线：（010）65369514
网　　址：www. peopledailypress. com
经　　销：新华书店
印　　刷：北京欣睿虹彩印刷有限公司

开　　本：710mm×1000mm　1/16
字　　数：156 千字
印　　张：12.5
印　　次：2017 年 4 月第 1 版　　2017 年 4 月第 1 次印刷

书　　号：ISBN 978-7-5115-4575-6
定　　价：68.00 元

前　言

　　信用风险是商业银行面临的最主要风险之一，历来是商业银行高度关注并重点管理的对象。信用风险管理是一项复杂浩大的系统性工程，管理方式具有多重维度，涉及面广，复杂性高。由于信用风险具有显著的行业集聚特征，行业信用风险管理是监管机构和商业银行一直以来高度关注的问题。无论从理论研究来说还是从国内外银行实践来看，行业信用风险管理都是信用风险管理的重要维度，对于防范行业系统性风险具有重要意义。

　　近年来，中国商业银行已逐步认识到实施行业信用风险管理的重要性，但同时国内有关行业信用风险管理的理论研究有待丰富和完善。本书对行业信用风险管理问题进行系统性研究，对于完善信用风险管理体系来说具有重要的理论意义，同时对于指导中国商业银行实践也具有重要的参考价值。特别是在当前我国正处于产业转型升级的关键时期，加强行业信用风险管理、制定合理行业信贷政策，既能有助于防范产业金融风险，同时也有利于促进产业转型升级和支持实体经济发展。

　　本书试图构建相对完善的行业信用风险管理研究体系。全书共有六章。第一章为绪论，介绍了本书选题意义、相关文献综述、主要内容以及主要创新与不足。第二章介绍了行业信用风险管理的内涵、国内外相关理论与银行实践以及有关监管要求。第三章重点就如何识别行业信用风险进行系统分析，主要从宏观经济环境、行业发展特征、产业政策导向和行业财务状况等四个方面揭示了影响行业信用风险的成因。第四章对行业信用风险的度量进行研究，提出了有关行业风险评级和限额的理论模型，并选取部分行业进行实证测算。第五章从行业信用风险的管理控制角度出发，提出了中国商业银行行业信用风险管理的政策体系。主要从行业风险评级、行业限额管理、行业信贷政策、行业风险预警和行业绿色信贷管理等五个方面，构建了符合中国商业银行实践的政策管理体系。第六章结合当前行业信用风险管理的现状，对现阶段中国商业银行加强行业信用风险管理提出了政策建议。本书最后对全文研究内容进行了总结，并对后续研究提出展望。

　　由于能力有限，文中错误难免，欢迎读者指正。

目　录
CONTENTS

第一章

绪　论

一、选题意义

　　风险管理是商业银行实现稳健经营的核心内容和现实要求，也是商业银行实现业务可持续发展的重要保障。信用风险自商业银行诞生以来即长期存在，其作为商业银行面临的三大主要风险之一，对商业银行的经营效益甚至经营成败具有举足轻重的影响。一直以来，国内外各大商业银行均高度关注信用风险管理，并将信用风险作为其面临的首要和最关切的风险。在长期实践发展过程中，商业银行不断完善信用风险管理技术和手段，理论界也相继涌现了大量的信用风险管理方法和模型，总体上由专家判断、定性分析、财务评价等传统风险管理方法向基于计量、组合的现代风险管理方法逐步演变和发展。近年来，中国商业银行基于国情并充分借鉴国外先进理论和经验，在强化信用风险管理方面进行了大量的实践和创新。特别是自 2003 年底中国启动国有大型商业银行股份制改造以来，国内商业银行通过完善公司治理、加强风险计量和健全风险政策等手段，在信用风险管理方面取得了显著的成效。但同时在当前经济金融步入新常态的背景下，实体经济和产业运行处于转型升级和结构调整的关键时期，国内商业银行信用风险管理面临的外部环境和形势将更加复杂严峻，信用风险管理压力显著增大，风险管理方法和手段也面临着诸多挑战。

信用风险管理是一项复杂浩大的系统性工程，具有管理维度多、涉及面广、复杂性高等特征。信用风险在微观层面与客户的经营状况、偿债能力、违约概率及风险缓释措施等因素直接关联；在中观层面与行业经济运行状况、产业政策导向、区域金融生态环境等因素密切相关；在宏观层面又与宏观经济形势、经济周期、宏观经济政策等因素具有显著的相关性。因此，实施有效的信用风险管理，既需要从微观层面（如客户或客户债项）着手进行风险防控，同时还需要积极关注中观和宏观层面的风险因素。不论是从风险防控需要，还是从监管要求来看，行业信用风险管理已成为信用风险管理的重要维度，对于防范行业信贷的系统性风险具有重要意义。

一是信用风险暴露具有显著的行业集聚效应，以行业维度实施风险管理能够有效地规避系统性风险。由于行业内客户的产品、技术和交易模式具有相似属性，因此同一行业的客户不可避免面临相似的行业风险因素。当某一行业景气下行、风险增大时，该行业内的客户群体违约概率将普遍显著上升，通常各家商业银行在该行业的不良贷款率均出现同方向波动，且与其他行业相比信贷资产质量存在明显差异。根据工、农、中、建四大银行2014年重点行业不良贷款率情况，可发现四大商业银行重点行业的信贷风险具有显著的正相关性。即某一行业信用风险较大时，则通常各家商业银行在该行业的信用风险普遍较大，行业贷款不良率普遍较高，充分反映了信贷风险的行业集聚性特征。

表1—1　工、农、中、建四大银行2014年重点行业不良贷款率的相关系数

	工商银行	农业银行	中国银行	建设银行
工商银行	1.00	0.99	0.87	0.98
农业银行	0.99	1.00	0.88	0.98

	工商银行	农业银行	中国银行	建设银行
中国银行	0.87	0.88	1.00	0.79
建设银行	0.98	0.98	0.79	1.00

数据来源：重点行业不良贷款率数据来源于四大银行 2014 年报，相关系数根据 Excel 数据分析（相关系数分析）得出。

二是行业信用风险具有较大的危害性，管理不善则可能造成严重损失和不良后果。在股份制改造以前，中国重点国有商业银行信用风险管理体制较为落后，行业信用风险大量积聚，2003 年 9 月末四大国有商业银行不良贷款额高达 2 万亿元，国外研究机构认为巨额坏账已致使国有四大商业银行处于"技术性破产"状态[1]。大量的不良贷款和坏账集中在工业和商业领域，四大行在股份制改造中均剥离了大量的存量不良贷款。以工商银行为例，80% 以上剥离不良贷款集中在制造业和服务业，如批发零售业剥离额占比达 17%，机械行业剥离额占比达 15%，纺织、皮革和服装业剥离额占比达 11%；而城市基础设施、公路及运输、烟草、电力、铁路、电信等行业剥离额较少。股份制改造以来，国有商业银行行业信用风险管理水平有所提升，但部分行业信用风险仍在集聚，甚至较为突出并产生了较大危害，这也反映了当前行业信用风险管理仍需加强。如自 2012 年以来，中国多家商业银行陷入了钢贸行业信贷风险系统性爆发的危机，风险暴露在 2013 年达到了顶峰，引起了监管部门的高度关注。2013 年上半年末，江苏钢贸市场不良贷款余额为 210 亿元左右，不良贷款率超过 40%[2]。

---

[1]　引自标准普尔：《中国银行观察》报告，2003 年 6 月。

[2]　引自王海平：《祸起钢贸贷款江苏约十名支行行长"倒下"》，21 世纪经济报道，2013 年 8 月 21 日。

三是当前产业转型升级的现实国情决定了实施行业信用风险管理尤为必要。现阶段中国仍是发展中国家，产业转型升级、结构调整优化是我国产业发展的必然趋势。加快产业转型升级的进程决定了当前中国产业结构的变迁将会快于发达国家，在此进程中既会存在行业信贷市场机遇，但同时不可避免将会带来大量的行业信贷风险。一方面，产业结构调整意味着传统行业将逐步失去发展优势，行业内落后企业将加速面临淘汰甚至整个行业将面临被替代。如当前钢铁、建材等原材料行业正处于化解过剩产能的严重困境中，行业信贷风险亟须关注。另一方面，转型升级中的产业政策导向会对行业信用风险产生重大影响。目前，我国产业发展以市场化力量为主导，但产业政策对行业发展和行业信用风险的影响不容忽视。如国家发改委和工信部对电解铝、焦炭等行业制定了具体的行业准入标准，发布行业准入企业名单，对商业银行来说，如对不符合产业政策的企业发放融资，不仅面临信用风险，还将面临政策性风险。

四是行业信用风险管理也是国内外监管机构高度关注的问题。《巴塞尔新资本协议》要求，商业银行应有效识别和控制同一行业的贷款集中风险，"对特定的行业或市场设计评级体系"[1]，以完善商业银行内部评级体系。中国银监会也认为行业信用风险是影响公司客户贷款的重要风险之一，提出"影响非零售风险暴露违约损失的重要因素包括抵质押、保证、经济环境、债务人的行业因素等"[2]，商业银行应从"经济或行业衰退"等多个方面把握影响债务人还款能力和还款意愿的主要风险因素。针对行业信用风险防控，银监会要求商业银行要对客户行业风险进行有效识别，加强行业评级结果的应用，完善差别化的信贷政

---

① 引自巴塞尔银行监管委员会：《巴塞尔协议Ⅲ：综合版》P93，中国金融出版社，2014 年 1 月。

② 引自银监会《信用风险内部评级体系监管要求》，2012 年发布。

策，有效防范行业集中度风险。

从理论研究来看，目前商业银行信用风险管理在微观层面的研究成果较多，有关客户维度的信用风险评价和理论模型较为丰富，尤其是近年来随着内部评级法的推广实施，国内大型商业银行基本建立了较为完善的客户信用风险评级体系。与此同时，有关行业信用风险管理近年来虽逐步受到理论界和银行业的重视，但总体上系统性的理论研究相对偏少，缺乏系统完善的理论分析框架和政策管理体系，现有的相关研究成果主要集中在行业信用风险管理的某个方面或针对个别行业进行研究。从国内银行业实践来看，近年来中国商业银行已充分认识到行业信用风险管理是风险管理的重要维度，有助于提高自身风险管理能力；但同时国内商业银行在实践方面，缺乏系统的行业信用风险管理理论支撑，对行业信用风险的识别和度量能力存在不足，政策管理工具的组合应用有待加强，行业信贷管理的政策体系仍需进一步完善。

综上，本书试图对中国商业银行行业信用风险管理问题进行系统性的研究，提出有关行业信用风险管理的理论框架和政策管理体系，不仅对于补充和丰富信用风险管理理论来说具有重要的理论意义，同时对于指导中国商业银行风险管理实践来说也具有重要的参考价值。尤其是在当前中国正处于产业转型升级、推动产业结构优化调整的重要时期，加强行业信贷风险管理、优化行业信贷投向，不仅有助于防范行业系统性信用风险和维护金融安全稳定，而且对于促进产业转型升级、支持实体经济发展也具有重要意义。

二、相关文献综述

（一）国外研究文献

20 世纪以来，随着商业银行经营活动的拓展以及计量工具的使用，银行信用风险管理理论不断发展和演变，从定性分析为主的传统理论到逐步增加定量分析的现代信用风险管理理论，风险管理理论体系已日趋完善，风险管理技术应用也日趋成熟。这些风险管理理论和技术方法为行业信用风险管理提供了重要的基础和支撑，一些理论和风险度量技术可以在行业维度上加以应用和参考。

信用风险理论研究可分为传统信用风险管理理论以及现代信用风险管理理论。传统理论又称古典信用理论分析，主要集中在 20 世纪 70 年代以前。传统理论主要是通过定性分析、专家判断及静态财务数据等信息，分析融资主体的各种信息来评价其信用质量。在传统理论中，定性理论分析主要有 5C 分析法、LAPP 法、五级分类法等。5C[①] 分析方法是从借款人的品质、能力、资本、抵押和环境等五个方面，分析其信用风险的大小；LAPP[②] 分析方法是从借款人的流动性、活动性、盈利能力和发展潜力等四个方面评估信用风险；五级分类分析法是对存量信贷资产质量的评价方法，以到期还款的可能性为核心依据，综合定性和定量的分析，判定信贷资产质量，将信贷资产分为正常、关注以及次级、可疑和损失（后三类通常列为不良贷款）等五个类别。除定性分析外，一些基于财务数据的信用风险评级方法应用较为广泛，其中最为著名的是 Z 评分模型。1968 年美国纽约大学 Altman 教授提出了 Z 评分模型，运用多元判别分析法得出 Z 值大小来判断违约水平；Altman 等（1977）对第一代模型进行了完善，建立了 ZETA 信用风险模型。该模型是较早分析信用风险的定量模型。

20 世纪 70 年代以来，随着金融计量理论的发展，一些基于定量分析为主的现代信用风险管理理论大量涌现，使得信用风险管理研究领域出现了许多新的量化分析方法、度量模型和管理策略。Black 和 Scholes

---

① 5C 即 Character、Capacity、Capital、Collateral 和 Condition。
② LAPP 即 Liquidity、Activity、Profitability 和 Potentialities。

（1973）以及 Merton（1974）分别发表论文，提出了著名的期权定价理论，该理论建立的方法是许多现代风险管理模型的理论基础。期权定价模型认为，如果公司资产的市场价值低于其负债价值，说明该公司已经实质上处于破产状态，其信用风险将充分暴露。Merton 在 1974 年利用期权定价理论对违约证券进行了定价研究，提出了违约债券的估价公式。从国外的研究现状和金融实践来看，基于定量方法的现代信用风险管理的理论成果逐步成熟，一些现代风险管理模型方法已能够相对较好地度量和管理信用风险。

国外关于行业信用风险管理的研究主要是以信用风险管理模型为基础，并以行业为维度在实践中加以应用。20 世纪 90 年代以来，由于金融衍生品的发展以及巴塞尔新资本协议的推广，国际金融业出现了以 KMV 公司（1993）、JP Morgan 公司（1994）、Mckinsey 公司（1997）和瑞士信贷银行（CSFP，1997）为代表的现代信用风险量化度量模型。这些模型被广泛运用于行业信用风险管理实践中。如 Morgan 公司提出了 Risk Metrics 模型，基于 VAR 风险度量原理，以历史数据为依据确定信用等级迁移矩阵和违约资产回收率，分析预期信用资产组合的价值波动，计算行业组合风险暴露。KMV 公司基于期权定价理论，研发了预期违约概率度量的 DEF 模型（又称 KMV 模型）；根据同一行业内公司客户违约概率预测，将其映射到行业层面，用于反映未来行业预期违约率，以达到度量行业风险水平的目标。Mckinsey 公司的 Wilson 提出了 Credit Portfolio View 模型，根据经济周期、经济增长、财政货币政策等宏观因素，对不同行业信用等级的违约概率和迁移概率进行量化分析。21 世纪以来，国外有关评级机构和学者不断加强有关行业信用风险管理的应用研究。如穆迪（2004）基于行业内企业信用等级迁移情况，提出了行业信用风险评级方法；标准普尔（2013）基于行业周期性和行业竞争及增长趋势的量化分析，提出了全球统一的行业风险评价体系。在行业风险敞口和集中度方面，Duellmann 和 Masschelein（2006）通过对不同行业的研究，认为降低行业风险敞口集中程度有利于减少行业经济资本的占用。

西方商业银行在实施行业信用风险管理的实践中，重点关注行业集中度风险，以规避行业系统性风险。其度量行业集中度风险的核心思想是，通过计算违约概率（PD）、违约损失率（LGD）和风险敞口（EAD）等风险要素，并结合行业信用损失分布，得出行业预期损失和非预期损失。预期损失可通过提高贷款定价、增加抵质押担保和计提资产拨备等方式进行覆盖，非预期损失是行业信用风险的真实体现，需配置相应等量的经济资本来承担。相反，通过有限经济资本的组合管理和分配，可得出对应商业银行可承受的最大行业信用风险敞口，并以此确定行业融资风险限额。

（二）国内研究文献

20 世纪 90 年代以来，伴随着中国银行业商业化经营的发展，国内有关信用风险管理的研究逐步加强。近年来，有关行业信用风险管理的研究也在逐步增多；同时，在实践方面国内商业银行也高度关注行业信用风险分析，并积极实施行业信贷管理。

国内有关理论研究大体分为两个阶段。第一个阶段集中在 2005 年以前，有关理论研究主要是以定性分析为主，重点阐述行业信用风险管理的必要性、影响因素和对策建议。宗进奎等（1993）对山东地区部分批发企业进行了调查研究，提出要完善行业信贷管理以避免国有批发客户的信贷资产损失。韩秋月（1999）指出了行业周期对中国商业银行信贷风险的传导作用，提出通过反周期信贷管理的思路来防范信贷风险。汪竹松（2000）着重分析了商业银行开展行业分析及行业评级对其管理信用风险的重要作用。武剑（2003）从行业环境特征、行业经营状况、行业财务分析、行业信贷质量和行业风险评级与组合管理等五个模块分别简要介绍了行业分析的基本框架，并基于此提出了建立行业风险管理体系的建议思路。赵庆森（2004）以钢铁行业为例阐述了行业分析和商业银行信贷管理的关系，认为通过行业分析可规避行业内的风险客户，充分开拓行业信贷市场。黄蜂（2004）通过聚类分析方法得出了影响批发零售行业的5个核心财务指标，并建议以此作为信贷决策的重要依据。魏国雄（2004）认为行业信贷风险不仅来源于行业内部经营状况，还受到行业外部环境等诸多因素的影响，建议商业银行要时刻关注行业信贷风险，并完善行业信贷政策，积极探索行业限额管理。

第二阶段是自2005年中国商业银行积极实施股份制改造以来，国内研究逐步加强了定量分析方法的运用，对行业信用风险的度量和控制进行了探索。王树林（2005）通过风险效益综合指数分析方法，对第二产业内相关行业的风险状况进行了实证分析，提出了商业银行信贷投放在行业选择上的优先顺序。陈红艳（2007）运用 PCA－logit 方法对行业信用风险进行了测度，提出了控制行业信贷集中度的思路。俞准立（2008）以某商业银行为例，通过行业计划增长系数对商业银行行业信贷组合进行了初步研究。尹占华（2009）通过定性和定量两个体系得出行业综合风险指数，对2007年我国电力等十大行业风险状况进行了实证分析。张波（2010）在提炼行业风险主要影响因素的基础上，对行业信用风险进行了测量并开展了实证检验。宋耳心（2011）在分析行业特征的基础上，通过层次分析法等构建了钢铁行业信贷准入的评价指标，为行业内信贷客户的选择提供了参考。刘肖原（2011）通过赫芬达尔指数对中国商业银行行业信贷集中度进行了分析，以房地产行业为例分析行业集中度信贷风险，并提出相关集中度风险化解措施。吴琼（2013）从中国产业结构调整角度入手，提出了中国商业银行行业信贷结构调整的总体思路和路径选择。戴红军（2013）运用岭回归方法在筛选合适评价指标的基础上，构建了行业信贷风险预警指标体系，以揭示行业信贷的风险程度。徐劲（2013）运用非线性规划方法构建模型对行业信用风险限额进行了测算。房巧玲（2013）通过行业信贷资产配置分析发现，不同行业具有不同的风险收益组合因而存在不同的经营绩效，商业银行可据此优化行业间的信贷资产配置。

从国内行业信用风险管理实践来看，近年来中国商业银行（特别是大型商业银行）高度关注并积极实施行业信贷管理和行业风险防控。在机制建设方面，工商银行2003年在国内银行界率先组建专业分析团队，成立了行业信贷分析与管理中心，在同业间发挥了良好的率先示范效应，建设银行、农业银行、邮政储蓄银行等其他国有大型商业银行也成立了相应的行业信贷管理机构；另外，近年来民生银行、浦发银行、兴业银行等一些中小型股份制商业银行也纷纷加强了行业专业分析力量。在政策管理方面，主要国有大型商业银行均按年度发布行业信贷政策，不定期实施行业风险预警，对部分重点关注的行业实施行业融资限额管理。在行业管理对象方面，近年来国有大型商业银行重点加强煤电油运及城建、开发区、房地产等基础产业风险防控；另外，一些专业特色银行十分关注其战略选择行业的市场和风险，如农业银行、邮政储蓄银行不断深化对"三农"相关行业的政策研究。在管理效果方面，实施行业政策管理可有效防控行业信贷风险，如工商银行在多年实践中行业政策覆盖行业的资产质量整体上要优于政策未覆盖的行业；以实施政策严控的钢铁等产能过剩行业为例，2014年工行钢铁行业不良贷款率0.81%（年报披露数据），不良贷款率低于全行平均水平。

三、本书基本思路、研究方法和主要内容

近年来，有关行业信用风险管理研究逐步增多，但研究内容和成果相对分散，大多数研究对象局限在有关行业信用风险管理的某一个点或

具体行业上，总体来看缺乏相对完善的逻辑体系和系统性的研究成果。因此，本书在借鉴国内外有关研究成果的基础上，试图对行业信用风险管理的理论框架和实践应用进行综合研究，以完善行业信用风险管理的理论分析和政策体系。

在研究思路上，首先，本书阐述了行业信用风险管理的相关理论、实践和监管要求。其次，按照行业信用风险的识别、度量和控制的风险管理流程和逻辑层次，依次对行业信用风险因素识别、行业信用风险评级和限额，以及行业信用风险政策管理进行论述。通过行业信用风险影响因素分析，探讨如何有效识别行业信用风险；通过研究行业风险评级和限额管理模型，探讨如何合理度量行业信用风险；通过论述行业信用风险管理的政策体系，探讨如何有效控制和管理行业信用风险。最后，在分析当前中国行业信用风险及其管理现状和需关注问题的基础上，对现阶段中国商业银行进一步加强行业信用风险管理提出了政策建议。

在研究方法上，本书采用了定性分析和定量分析相结合的研究方法。在定性分析中，运用了宏观经济学、产业经济学、产业生命周期理论以及信用风险管理等相关理论。通过定性分析，对行业信用风险的影响因素和政策管理的内在要求进行了深入的阐述。在定量分析中，基于行业经济运行数据和商业银行信贷数据，运用了大量的数据和图表分析，开展了行业财务因素与信用风险的相关性实证研究，并采用了面板数据分析和线性插值法等计量经济学和统计学方法；同时通过定量分析，对行业信用风险评级和行业信贷限额进行了度量和测算。

在内容结构上，本书共分为六章。第一章为绪论，首先，从商业银行信用风险管理的内在要求以及监管要求等方面入手，介绍了选择行业信用风险管理为研究对象的理论意义和实践价值。其次，综述了国内外有关研究现状，包括国外有关信用风险和行业信用风险管理的理论和研究重点，以及国内在探索行业信用风险管理方面的研究现状、阶段特征和研究成果。再次，在介绍本书基本思路和研究方法的基础上，阐述了本书研究的主要内容和框架结构。最后，指出了本书研究的主要创新点和不足之处。

第二章主要就行业信用风险管理的相关理论、实践和监管要求进行阐述。首先，根据研究对象介绍了行业和行业信用风险等相关概念，以及行业信用风险管理的内涵和主要内容。其次，阐述了国内外行业信用风险管理的相关理论研究。再次，阐述了国内外商业银行有关行业信用风险管理的实践。最后，分析了《巴塞尔新资本协议》以及中国银行业监管机构有关行业信用风险管理的监管要求。

第三章重点就如何识别行业信用风险进行了系统分析。本章主要从宏观经济环境、行业发展特征、产业政策导向和行业财务状况等四个方面较为全面地揭示了影响行业信用风险的成因，提出了识别行业信用风险的分析方法。首先，分析了经济周期等宏观经济环境因素对行业信用风险的影响和传导路径。其次，分析了行业生命周期等行业发展特征因素对行业信用风险的影响和传导路径。再次，分析了在当前中国国情下产业政策导向对行业信用风险的重要影响。最后，从行业发展能力、盈利能力、偿债能力等行业财务运行角度，提出了识别行业信用风险的方法，并以 46 个轻工行业为样本对行业财务风险因素进行了实证检验。

第四章对行业信用风险的度量进行研究，提出了有关行业风险评级和限额的理论模型，并结合中国商业银行实际情况选取部分行业进行了行业评级分析和限额的实证测算。首先，根据行业信用风险影响因素，综合定量评价和定性评价方法，提出行业信用风险评级的模型。其次，根据有关商业银行资本管理的思路，按照风险调整后收益最大化原则，以行业经济资本占用为约束条件，提出了行业信用风险限额的理论模型。最后，根据行业评级模型，通过定量评价和定性调整对装备制造业42 个子行业风险评级进行了实证分析；同时结合中国商业银行的实践情况，基于两种测算思路，对部分行业信贷限额进行了定量测算。

第五章从行业信用风险的控制角度出发，提出了中国商业银行行业信用风险管理的政策体系。具体从行业风险评级、行业限额管理、行业信贷政策、行业风险预警和行业绿色信贷管理等五个方面，较为全面地构建了符合中国商业银行实践的政策管理体系。一是从完善流程、优化模型和实践应用等方面，提出开展和应用行业风险评级。二是从行业限额管理方式和原则、内容和流程等方面，提出实施行业限额管理。三是研究制定行业信贷政策，阐述了行业信贷政策的要素内容、管理要求和政策管理工具。四是针对重大突发行业风险因素，提出了及时发布行业风险预警。五是从完善行业绿色信贷体系、加强重点行业绿色管理、支持节能环保行业发展等方面，提出了强化行业绿色信贷管理的具体要求。

第六章对现阶段中国商业银行进一步加强行业信用风险管理提出了建议。首先，分析了当前中国商业银行行业信用风险及其管理的现状，提出了现阶段行业信用风险管理中需关注的问题。其次，从加强行业研究分析、积极运用行业信用风险定量工具、完善全面行业信用风险管理体系、密切关注中国经济转型过程中的行业信贷风险，以及通过行业信贷积极促进中国产业转型升级等六个方面，提出了政策建议。本书最后对全文研究内容进行了总结，并对后续研究提出了展望。

四、主要创新和不足之处

（一）本书创新点

1. 系统阐述了行业信用风险的影响因素，形成了较为完整的行业信用风险识别的分析体系。从宏观经济环境、中观产业运行、产业政策导向和行业财务运行等方面，系统分析了行业信用风险的主要影响因素及其传导方式。以 46 个轻工行业面板数据为样本，对行业财务风险因素进行了实证检验，得出了销售增长率和流动资产周转率能够显著检验轻工业风险水平的结论。同时，还着重分析了产业政策导向作为中国特色性因素对行业信用风险的重要影响。

2. 提出了针对中国商业银行行业信用风险度量的基本方法和实践应用思路。根据行业评级模型方法，对装备制造业 42 个子行业的信用风险评级进行了实证分析，总体上行业评级结果与商业银行行业信用风险状况基本相符，但对于个别行业的评价结果需结合专家经验等定性因素予以调整。同时，根据行业信用风险限额模型思路，并结合中国商业银行的管理实践情况，以某商业银行为例，通过两种实证测算方法，对相关行业信贷限额进行了测算。

3. 较为全面地构建了符合中国商业银行实践的行业信用风险政策管理体系。从中国商业银行实际情况出发，结合对行业信用风险的理论分析，按照具备可行性和可操作性的管理原则，从行业评级、限额管理、行业信贷政策、行业风险预警、行业绿色信贷管理等 5 个方面，系统提出了行业信用风险政策管理的框架体系，并详细论述了各个政策管理模块的具体内容和实施要求，在商业银行信用风险管理的实践中应具有重要的参考价值。

（二）不足之处

1. 行业信用风险管理是实践应用性较强的论题，国外大型商业银行普遍重视行业信用风险管理，但由于涉及银行的商业秘密，国外先进银行有关公开的行业风险管理的理论成果和分析模型难以获得，因此本书在收集分析国外行业信用风险管理资料方面存在一定的难度。同时，行业信贷数据是商业银行的核心商密信息，难以公开获得及公开使用，且目前行业信贷数据质量不尽完善，如中国大型商业银行在 1999 年前后和 2005 年前后分别经历了两次大规模的不良资产剥离，致使行业信贷质量在 1999 年前后和 2005 年前后出现较大波动，难以反映行业信贷质量真实水平。由于在研究资料及数据收集方面存在的局限，因此本书存在对国外先进成果借鉴不足、研究不够深入的情况。

2. 由于中国现阶段仍属于发展中国家，其产业结构处于不断调整过程之中，产业运行的波动性相对较大，同时产业政策对行业经营及其信用风险具有重要的影响，因此在相当的情况下定量分析难以完全准确反映行业风险特征，这也是中国商业银行在实践中更多依赖专家判断、定量分析方法应用相对较少的原因之一。如 2008 年底国家启动的"四万亿"经济刺激计划和产业振兴政策对行业信贷投放及信贷数据表现影响较大；即使是经营困难的行业，受投资拉动和信贷扩张影响，其行业信贷质量可能并未下降甚至出现较为明显的提升，与真实信贷风险情况并不相符。同时，因个人能力有限，因此，本书在数理模型的运用方面还有待进一步加强。

第二章

行业信用风险管理相关理论、实践和监管要求

第一节　行业和行业信用风险管理

产业经济学对行业内涵和行业分类已形成了完善的理论体系。行业信用风险是行业和信用风险的交集；行业信用风险管理则是对行业信用风险进行识别、衡量和控制的过程。研究行业信用风险管理首先要理解和把握行业、行业信用风险以及行业信用风险管理的内涵。

一、行业和行业分类

（一）行业的含义

行业（或产业）是指从事相同性质的经济活动的所有单位的集合①。一般来说，行业是指其按生产同类产品或具有相同工艺过程或提供同类劳动服务划分的经济活动类别。同一行业内的不同经济活动主体具有相同或相似生产工艺和流程、技术特征、服务内容或最终产品等共同属性。根据产业经济学理论，行业是社会分工逐步细化、生产力不断

---

① 引自《国民经济行业分类与注释》（GB/4754–2011），国家统计局，2011年4月。

提升的产物。随着人类社会经济活动的发展，行业的内容和范畴不断丰富、扩大和延伸，行业形态从原始的以农、林、牧、渔业为主导向以工业和服务业为主导等更高层次发展。20 世纪以来，随着技术革命、需求升级和环境变化，产业更新替换步伐加快，新兴行业不断涌现，传统行业频繁更迭，行业种类和数量日益增多，行业标准和形态也日趋复杂。

（二）行业分类

行业分类是指从事国民经济中同性质的生产或其他经济社会的经营单位或者个体的组织结构体系的详细划分。实施行业分类有助于揭示经济运行规律、掌握国民经济结构、完善监管政策制定和加强行业经济统计。可以说，准确界定行业的分类、合理确定行业的归属是实施行业管理的首要前提，对商业银行来说也是加强行业信用风险管理的基础。

在产业经济学理论研究中，根据研究方法和分析目标的不同，建立了不同的产业分类方法。如马克思二部类分类法将社会总产品分为生产资料和消费资料两大生产部门；费歇尔和克拉克提出的三次产业分类法将国民经济活动分为第一产业、第二产业和第三产业；生产要素密集度分类法将产业分为劳动密集型、资本密集型和知识密集型产业；此外，产业分类理论方法还有产业生命周期分类法、产业地位分类法等①。基于以上理论分析基础，在商业银行行业管理实际运用中，常用的行业分类方法有以下三种模式。

1. 国家标准分类。国家统计局 2011 年发布了最新的《国民经济行业分类与注释》（GB/4754–2011），对目前中国经济运行中的行业进行了全面系统的梳理和划分，对每个具体行业给出了明确的定义、范围标准和行业代码。国家标准分类（简称国标分类）包含行业门类、行业

---

① 参见苏东水：《产业经济学》P5，2010 年 8 月，高等教育出版社。

大类、行业中类和行业小类四个维度，对行业类别依次进行逐步细分。目前，国标行业分类共计包括 20 个行业门类、96 个行业大类、432 个行业中类和 1096 个行业小类。如农、林、牧、渔业门类（代码 A）包括农业（A01）等 5 个行业大类，农业大类包括谷物种植（A011）等 8 个行业中类，谷物种植中类包括稻谷种植（A0111）等 4 个行业小类。

2. 行业板块分类。行业板块分类是指在当前行业类别复杂众多的背景下，为提高管理效率和操作性，根据子行业共同的属性，按照同一属性将部分行业聚集为行业板块以便统一管理的划分方法。行业板块分类是一种非标准化的行业划分方法，不同机构根据研究或管理的需要可对行业板块进行不同的划分。典型的行业板块有能源行业、轻工行业、机械行业、基础设施行业等板块，如能源行业板块通常包括煤炭行业、石油开采行业、电力生产行业等子行业。如工商银行 2015 年发布的行业信贷政策将全部行业划分为 18 个行业板块。

3. 行业特征分类。行业特征分类是指出于管理的需要对一些不同属性但在某一方面具有共同特征的行业进行统一认定的划分方法。典型的行业特征分类有产能过剩行业、"两高"（高污染、高能耗）行业、战略性新兴产业、节能环保产业等。如当前产能过剩行业包括钢铁、水泥、电解铝、船舶和平板玻璃等不同属性的行业[1]，且过剩行业范围随着时间推进而动态变化；节能环保产业包括高效节能产业、先进环保产业和资源循环利用产业[2]，涵盖节能环保设备制造、节能环保服务等众多子行业，横跨制造业和服务业等多个领域。

除了以上常用分类方法外，一些监管机构、研究机构和行业管理协

---

① 引自《国务院关于化解产能严重过剩矛盾的指导意见》（国发〔2013〕41 号），2013 年 10 月。

② 引自《关于印发"十二五"国家战略性新兴产业发展规划的通知》（国发〔2012〕28 号），2012 年 7 月。

会也有自身的行业划分方法。如中国证监会近年制定了《上市公司行业分类指引》（证监会公告〔2012〕31 号），对上市公司的行业归属明确了分类标准；国家海关总署在进出口统计时建立了《中华人民共和国海关行业标准管理办法》；纽约证券交易所曾采用道·琼斯分类法将上市公司分为工业、运输业和公用事业三类，标准普尔（S&P）和摩根斯坦利公司曾联合推出了全球行业分类系统（GICS）。此外，一些专业的行业管理协会也建立自身的行业分类体系，中国机械工业协会目前将我国机械工业划分为农机制造、汽车制造等 13 个子行业。

表 2—1　主要行业分类模式比较

分类方法	行业定义	分类特点
国家标准分类	标准化	涵盖全面，标准固定，便于统计，数量众多
行业板块分类	非标准化	较为全面，相对固定，便于统计，相对简化
行业特征分类	非标准化	有限覆盖，动态变化，不便统计，相对简化

资料来源：作者根据行业分类属性整理。

总体来看，在行业管理实践中，国标分类由于行业定义明确、标准固定统一、覆盖范围全面、标识代码清晰、便于统计分析，在各部门和各领域的行业日常管理中运用最为广泛。行业板块分类因板块特征清晰，有助于提高效率，在特定领域和专业管理中也被广泛运用。行业特征分类主要是根据实际需求，在管理中灵活运用；特别是在当前国家积极促进产业结构升级，培育新兴产业、严控产能过剩行业的背景下，按照行业特征分类进行管理也十分必要。

尽管当前行业分类体系较为完善，但随着产业的发展升级，一些行业在认定、分类和管理上存在一些挑战和难点。近年来，国家产业政策积极倡导的先进制造业、现代服务业尚没有明确的定义和标准，一些新兴产业如风电设备、多晶硅等在国标分类没有对应的行业代码。针对这些困难，在实践中一些商业银行通过自定义行业代码和实行行业名单制管理等方式来予以解决。另外，一些跨行业的集团化企业（产加销、工贸一体化企业）也难以界定合适的行业归属；按照《国民经济行业分类 GBT4754–2011》要求，在实践中当企业从事多种经济活动时，可按照主要活动来确定企业的行业归属。

二、信用风险和行业信用风险

（一）信用风险

1. 内涵。信用风险（Credit Risk）又称违约风险，是指交易对手（借款人）未能履行约定契约（借款合同）中的履约义务而造成经济损失的可能性。对商业银行来说，信用风险主要包括来自贷款业务的信用风险（信贷风险），即体现在借款人不能及时足额履行还本付息的义务，而使银行预期收益与实际收益发生差异的风险。

随着商业银行经营结构转型以及现代风险管理技术的提升，信用风险的范围也在逐步延伸。广义的信用风险不仅包括按历史成本计量的信贷风险，还包括按市值管理计量的信贷资产价值波动的风险。同时，近年来，一些新兴业务如银行代理的理财投资业务尽管从法律合同上来说不是银行的资产，银行不承担任何信用风险，但在操作实践和监管导向上，一旦资金使用者违约，商业银行按照"卖者有责"的原则，也需承担一定的赔付责任。

尽管信用风险的内涵有所延伸，但中国商业银行面临的信用风险以信贷风险为主。这主要是由于我国商业银行的资产业务是以信贷业务为主，利润来源是以发放贷款的利差收益为主，信用风险管理对象主要体现在信贷资产风险上。根据工商银行年报披露数据，2014 年该行客户贷款及垫款总额 11.03 万亿元，占银行总资产的 53.5%，居各类资产首位；利息净收入 4935 亿元，占营业总收入的 74.9%；计提贷款减值准备（拨备）达 2576 亿元，拨备覆盖率（拨备占不良贷款比重）206.9%，占贷款总量的 2.34%；贷款减值损失 562.7 亿元，占全行全部计提资产减值损失的 99.2%。

2. 成因。商业银行信用风险的成因既有系统性因素，也有非系统性因素。从系统性成因来看，主要是指信用风险受经济周期性、产业阶段性等外部因素的影响，即经济周期上行阶段中，企业经营效益普遍向好，系统性违约概率降低，其中行业因素即本书的研究重点，也是重要的系统性成因之一。从非系统性成因来看，主要是指客户即借款人自身的财务风险和经营风险以及信息不对称而产生的道德风险，典型的财务风险如客户现金流不足而致资金链断裂，典型的道德风险如商业银行不能准确掌握客户经营状况而致错误的信贷决策等。

3. 信用风险损失。随着风险管理技术的发展，特别是《巴塞尔新资本协议》实施以来，理论界对信用风险的定量描述、损失分布和管理措施有更为清晰的认识。信用风险的概率分布显著不同于标准正态分布，具有典型的非对称性的特征；大量统计数据表明，信用损失分布呈现偏态厚尾的 Beta 分布。根据损失分布，信用风险损失（L，Loss）包括预期损失（EL，Expected Loss）、非预期损失（UL，Unexpected Loss）和极端（异常）损失（CL，Catastrophe Loss）。

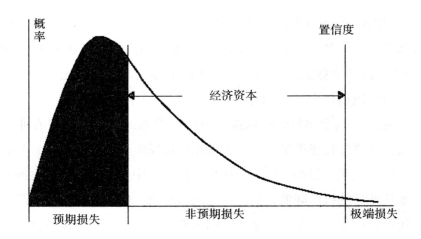

图2—1：信用风险损失分布

资料来源：引自姚奕《解读巴塞尔新资本协议资本计提的原则和方法》

　　预期损失是指商业银行在特定时期内信贷资产业务所可能遭受的平均损失，与违约概率（PD）、违约损失率（LGD）和风险敞口（EAD）相关。在银行管理中，预期损失通过贷款定价和损失准备金进行弥补。非预期损失是指在一定置信区间内（《巴塞尔协议》规定99.9%）银行面临的超过平均损失之上的损失，除与违约概率、违约损失率和风险敞口相关之外，还与贷款期限（M）相关。在银行管理中，非预期损失由银行按照资本调节系数（k）通过自身提供的经济资本（EC，Economic Capital）进行弥补。极端损失是指在极小概率下一旦发生风险事件（如地震等不可抗力）会造成巨大且难以承受的损失，极端损失可通过压力测试来进行计量分析，但通常商业银行在实践中对极端损失难有预防措施，一旦发生极端损失，银行将可能面临倒闭风险。

表2—2 信用风险损失构成

信用风险损失	损失计量	损失控制措施
预期损失	$EL = PD * LGD * EAD$	提高风险定价、计提损失拨备
非预期损失	$UL = k * EAD$, $k = f (PD, LGD, M)$	通过银行自有经济资本覆盖
极端损失	极端情景压力测试	极端损失难以防范

资料来源：根据《巴塞尔新资本协议》有关信用风险度量和损失分布特征整理。

（二）行业信用风险

行业信用风险是指商业银行信贷经营过程中，因行业不确定性因素造成行业内客户或客户群集中违约而面临经济损失的可能性。具体来说，行业信用风险是指整个行业面临信用风险损失的可能性，也可以说是行业内各个具体客户信用风险的总和。行业信用风险既是商业银行信用风险管理的一个重要维度，也是实施信用风险管理的重要对象。

行业信用风险的成因包括多重因素，既与宏观经济环境相关，如经济周期运行与行业信用风险正相关性强烈；也与行业自身经营发展相关，如行业所处的产业发展阶段、行业经济运行情况、行业财务效益对行业信用的影响显著；同时，还与商业银行的行业风险管理水平有关，如一些行业风险化解手段丰富（如抵质押物充足），则行业信用风险能够相对得到有效控制。另外，行业信用风险不仅与经济运行和产业动态等市场化因素相关，还与产业政策和行业准入等行政化因素有关。

行业信用风险具有系统性、周期性和关联性等特征。系统性特征主要体现为行业信用风险的高集中度性，当某一行业经济运行出现严重恶化时，行业系统性风险特征尤为显著。如近年来中国批发和零售行业流通速度趋缓、市场形势严峻，2014年全年社会物流总额预计超过210

万亿元，同比增长 8% 左右①，较上年下降 1.5 个百分点，行业高杠杆、轻资产及价格波动风险特征进一步突出，致使其行业信用风险显著上升，截至 2014 年末主要大型商业银行批发和零售行业不良贷款率普遍较高（工行、农行、建行均在 4% 以上），明显高于公司客户贷款不良率的平均水平。周期性特征主要体现为行业发展周期阶段与行业信用风险状况有紧密联系。在行业处于快速发展且趋于成熟之前的阶段，行业信用风险水平相对较低；以穆迪（Moody）公司评级为例，美国 1929 年的 AAA 级企业主要集中在钢铁业，1965 年 AAA 级企业主要集中在电力和石化行业，1977 年的 AAA 级企业主要集中在食品、零售等消费性行业，2008 年的 AAA 级企业主要集中在信息技术、能源化工业。关联性特征主要是基于产业链关联的因素考虑，某一行业信用风险的集聚形成可能会对上下游关联行业造成显著影响。在某一生产性行业经济效益下滑、市场供大于求的背景下，其上游的原材料供应行业势必需求减少，风险相应增大，同时其下游的产品销售行业也有可能因市场滞销而陷入经营困境。如近年来，中国钢铁行业产能严重过剩，行业经营形势严峻，受此影响行业上游的冶金设备行业和铁矿石开采行业以及下游的钢铁贸易行业也产生了较大的行业系统性风险；2014 年中国冶金设备制造行业累计亏损 49.3 亿元，销售利润率跌至 -3.84%②，冶金设备行业龙头企业中国第一重型机械股份有限公司季报披露 2014 年前三季度亏损 6.3 亿元，二重集团重型装备股份有限公司 2014 年前三季度亏损 3.8 亿元，二重股份因连续亏损已被上交所调整为 ST 二重。

行业不良贷款率是衡量行业信用风险程度最重要的指标。行业不良贷款率是指该行业不良贷款额与该行业贷款总量的比值。行业不良贷款

① 引自杨国民：《2014 年全社会物流总额预计超 210 万亿》，经济日报，2015 年 1 月 16 日。

② 有关行业财务运行数据来源于 Wind 行业经济效益数据库，下同。

率越高，反映行业信用风险水平越大；行业不良贷款率越低，反映行业信用风险水平相对较低。在关注不良贷款率的同时，还需关注不良贷款率的变化情况。如当前采矿业不良贷款率相对较低，2014 年末工行、农行和中行采矿业不良贷款率均在 1% 以下①，但较上年末不良率均出现了明显上升，客观上反映了当前采矿业信用风险有所增大的现状。

三、行业信用风险管理

行业信用风险管理是指对银行经营中的行业信用风险进行识别、衡量和分析，并在此基础上有效地控制和处置风险，将行业信用风险导致的各种不利后果减少到最低限度的活动。理论上，行业信用风险管理的最终目标是通过实施行业风险管理措施而实现行业信贷收益的最大化。根据风险管理的流程要求，实施行业信用风险管理的主要内容和重点是对行业信用风险进行识别、度量和控制，以实现行业风险管理的目标。

（一）行业信用风险识别

风险识别是信用风险管理的第一步，是指系统地对影响信贷资产价值的潜在内部外部因素予以感知和识别，并对风险性质进行鉴别和评估的过程。风险识别要求运用有效的方法和技术，对重要产品、活动、程序和系统中的风险进行定期识别。一般来说，风险识别主要是说明"风险是什么""风险在哪里"。

行业信用风险识别重点要求分析判断能够造成或引起行业信用风险的现实或潜在风险因素；同时须在众多复杂的内部外部、动态静态的风险因素中，判断出影响行业信用风险的主要因素。由于行业内外部环境是动态变化的，因此风险识别是一个长期持续的过程。具体来说，影响

---

① 数据来源于工商银行、农业银行、中国银行 2014 年报。如无特殊说明，本书有关商业银行贷款数据均来自上市银行公开年报，下同。

行业信用风险的主要因素有宏观经济环境、行业运行状况、产业政策导向和行业信贷执行情况等。

（二）行业信用风险度量

风险度量是指在通过风险识别确定风险性质的基础上，对收集的信息进行分析，对风险可能出现的概率和损失程度进行计量，运用有效的评估方法测算风险程度的过程。风险度量可采取定性与定量结合的方法。通常进行风险度量，首先需要度量风险事件发生的概率，继而计算发生风险事件后的损失程度。一般来说，风险度量主要是说明"风险有多大""风险有多少"。

行业信用风险度量是行业风险管理的重点和基础，在技术处理上较为复杂，目前尚没有统一标准和方法。从银行业管理实践来看，行业信用风险的度量主要包括两方面内容，一是判定行业信用风险级别，主要是根据行业风险因素判定行业信用风险的大小、等级或程度。二是衡量行业信用风险总量，重点是度量行业信贷集中度风险，判断商业银行在该行业能够承受的融资风险总量或行业限额。此外，行业信用风险度量还包括对行业内客户信用风险的度量以及行业间信贷组合风险的度量。目前，西方商业银行重点关注行业集中度风险度量以及行业信用组合管理，而中国商业银行根据实际管理需要还积极开展行业内客户信用风险的度量。

（三）行业信用风险控制

风险控制是指在风险度量的基础上，根据风险管理目标需求，综合平衡成本与收益，针对不同风险特性确定相应的风险控制策略，并采取实施有效措施的过程。在确定风险控制策略后，需制订风险控制计划并采取一系列措施来确保控制策略得以有效落实。常用的风险控制措施包括风险回避、风险接受、风险分散、风险转移、风险对冲、风险补偿等。一般来说，风险控制主要是说明"怎么管控风险"。

行业信用风险控制是指制定有效的行业信用或信贷管理政策措施，继而防范行业信用风险、指导行业信贷投向和优化行业信贷结构，以实现行业信贷管理的目标。通常行业信用风险控制措施包括，制定行业信贷政策来统筹引导行业投向定位、行业信贷准入和行业信贷退出，实施行业限额管理来控制行业融资风险总量，发布行业预警提示来防范重点行业风险和突发事件行业风险，建立行业绿色信贷政策来防范"两高一剩"行业环保风险，配置行业贷款拨备和行业经济资本来补偿行业预期损失和非预期损失等。

第二节　行业信用风险管理相关理论

一、国外行业信用风险管理的相关理论研究

（一）产业经济学相关理论

产业经济学（Industrial Economics）以行业为研究对象，是开展行业信用风险管理的重要理论基础。产业经济学理论重点研究产业内的企业组织结构变化的规律、产业本身的发展规律、产业间的联系规律等内容，主要包括产业组织、产业结构、产业发展和产业竞争力等理论内容。

产业组织理论主要研究产业内企业间的市场或组织关系。针对所谓"马歇尔冲突"难题（产业内企业规模效应与企业间竞争活力的冲突），梅森、贝恩、谢勒等哈佛学派建立形成了基于市场结构（Structure）、市场行为（Conduct）和市场绩效（Performance）理论范式的 SCP 分析框架。如贝恩（1959）调查了美国 42 个制造业行业，认为垄断市场结构削弱了市场自由竞争。20 世纪 70 年代以来，以斯蒂格勒（1968）为

代表的芝加哥学派遵循了弗里德曼自由主义的传统，进一步延伸发展了产业组织理论，强调了市场长期的竞争均衡效率，反对政府对产业的干预，认为产业低效可通过技术创新和自由市场来得到解决。

产业结构理论主要研究产业间的经济联系和方式，以及产业间结构演变对经济发展的影响。20 世纪 30—40 年代，产业结构理论初步形成。克拉克（1940）通过对 40 多个国家和地区的比较研究，总结了劳动力在从农业向制造业及服务业转移过程中的规律性。库兹涅茨（1941）论述了国民收入与产业结构的关系，认为产业结构将随着经济增长而不断变化。20 世纪 50 年代以来，里昂惕夫等学者进一步推动了产业结构理论的发展。里昂惕夫（1953、1966）建立了投入产出分析体系，深入研究了经济增长与产业结构的关系。刘易斯（1954）提出了二元经济结构模型，认为发展中国家应利用劳动力丰富的优势，发展现代产业部门和缩小传统农业部门。赫希曼、罗斯托、钱纳里和希金斯等学者就产业结构理论后续研究做了进一步延伸。

产业发展理论主要研究产业发展过程中的发展周期、发展规律、影响因素、资源配置等问题。弗农（1966）提出的产品生命周期理论（Product life cycle），可有效揭示产业发展周期。根据产品生命周期理论，产业发展伴随着产品的发展，分别经历初始形成、成长、成熟、衰退四个阶段。

产业竞争力理论主要研究产业在市场、盈利和效率等方面的竞争实力。20 世纪 80 年代以来，哈佛商学院迈克尔·波特（Michael E. Porter）提出并完善了产业竞争力理论，其在 1980 年所著的《竞争策略》中，创造了著名的波特五力分析架构，提出影响产业竞争态势的五种因素是"新加入者的威胁""购买者（客户）的议价力量""替代品（或服务）的威胁""供货商的议价力量"及"现有竞争者之对抗态势"，分别从产业上游供给方、产业下游消费方、产业内现有竞争者、产业外潜在竞争者以及产品的可替代性等五个方面，提出较为全面的影响行业竞争力的因素。

（二）行业评级相关理论

目前，国外有关行业评级的理论方法和应用主要由国外知名评级机构提出。理论方法大体上有两类，一类是基于行业风险因素的评级理论方法，另一类是基于客户层面的行业风险评估理论方法。

1. 基于行业风险因素的评级理论方法。该方法主要是对影响未来行业偿债能力的各项风险因素进行深入分析，并进行规整和量化，通过行业间可比的指标数据，最终将评估得分映射至具体的评级结果。标普、杜邦等国际知名评级机构均提出代表性的评级方法。

标普（S&P）近年来积极推动行业评级由定性分析为主向定量分析转变，建立全球统一的行业风险评价体系。从其 2013 年发布的行业评级方法论①来看，标普行业风险评级主要从行业周期性、行业竞争和增长趋势等方面开展，并通过指标达标和映射方式将风险因素转化为评价得分。行业周期评价包括行业收入和行业利润两项指标，通过不同行业经历经济衰退过程中行业收入和利润的下降幅度，判断行业周期性的敏感程度。根据全球多个国家和地区 1950—2010 年经历的 24 个经济下行周期数据分析，电信、医疗设备行业周期性较弱，汽车、有色、煤炭和运输业等行业是典型的顺周期性行业。行业竞争与增长趋势包括 5 大类评价指标：准入门槛、行业利润水平及趋势、产品替代风险、行业增长趋势；如准入门槛包括政府管制、技术门槛、资本密集度、行业结构、行业集中度、品牌影响力等影响因素。根据行业周期和行业竞争及增长趋势风险矩阵交互映射的风险得分，行业评级结果分为极低风险、低风

---

① S&P：Request For Comment Methodology Industry Risk For Corporate And Public Finance Enterprises，2013.

险、中等风险、较高风险、高风险和极高风险 6 个等级。

杜邦（Dominion Bond Rating Service，DBRS）是加拿大的一家权威信用评级公司，该公司成立于 1976 年，总部设于多伦多。该公司的行业风险评级主要通过行业经营风险评级方法得出特定行业风险级别（Industry Business Risk Ratings）。杜邦行业经营风险评级包括五个方面评价内容：行业盈利能力和现金流、行业稳定性、行业竞争状况、行业管制以及其他行业内在因素；同时在对不同行业评级时，评价内容侧重点有所不同。如针对行业内在因素，杜邦认为每个行业都有其自身特定的潜在风险因素，行业技术变革和运营风险是最常见的内在因素。杜邦行业经营风险级别具体分为 AAA、AA、A、BBB、BB 和 B 等级别，同时对每个行业级别可用高（H）和低（L）进行微调，以提升行业风险级别的精细度。根据杜邦评级结果，电信、消费品等行业经营风险较低，汽车零部件、林业和航空业等行业风险较高。

2. 基于客户层面的行业风险评估理论方法。由于信用风险管理理论和技术的不断丰富，一些国际大型知名评级机构基于现代信用风险管理理论，从行业内企业层面的信用风险入手，提出了行业风险评估方法。具有代表性的理论方法包括穆迪、KMV 公司提出的行业风险评级方法。

穆迪（Moody's）通过汇总法将信用等级迁移和违约率两项信用风险指标从客户层面上升至行业层面，以分析和比较行业间的信用风险水平。穆迪[1]通过分析行业内企业信用等级迁移情况，计算行业评级漂移率（行业内评级上调占比与下调占比的差值），该指标越低代表行业风险越高，通过行业间比较得出不同行业迁移风险的排序。当期的行业迁

---

[1]　Moody's：Credit risk at the industry level：Current Indicators and Recent Trends for Non‐Financial Corporations，2004.

移风险排序可反映行业信用历史和即期状况，未来的行业信用风险趋势可进一步通过评级展望来进一步判断。穆迪根据行业迁移风险级别及评级展望，按照级别比重及三年预期违约率进行加权计算，得出行业经级别调整后的预期违约率，以反映行业未来违约风险，并进行行业风险排序。根据穆迪分析，2004—2006 年北美地区石油天然气、基础材料、农产品等行业违约率较低，运输、金属矿业等行业信用风险水平较高，这与事后以上行业实际风险水平和累计违约概率大体一致。

KMV 公司针对基于历史信息进行信用评级存在的不足，研发了预期违约概率度量的 DEF（Expected Default Frequency）模型（又称 KMV 模型）。该模型技术源于 Merton（1974）提出的期权定价理论，该模型针对上市公司认为如果公司资产的市场价值低于公司债务，则发生违约。根据违约距离（DD）关键指标，预测公司违约风险。KMV 模型推出以来，西方学者将其应用到各个经济领域。其中，根据同一行业内公司客户违约概率预测，将其映射到行业层面，可以反映未来行业预期违约率，以达到度量行业风险水平的目标。

（三）行业集中度相关理论

资产组合理论最早提出了有关资产分散和多元化投资组合的思想。马科维茨（1959）对证券资产投资组合进行了研究，提出了有关资产组合理论模型。Morgan 和 Golinge（1993）从贷款组合风险最小化的角度，提出了商业银行贷款的有效组合模型。Altman（1995）按照单位风险收益最大化的原则，研究了商业贷款的组合分析模型。Kealhofer（1999）认为集中风险计量非常重要，但较难找到可接受的集中信用风险测量模型。

赫芬达尔－赫希曼指数（HHI 指数）可作为测量信用敞口集中风险的近似方法，用于识别和描述信用集中风险。HHI 指数定义为组合内各信用组合敞口占比的平方和。HHI 指数接近于 0 说明组合分散得很好，指数接近于 1 说明集中度高。HHI 指数可对信用集中风险的大小进行排列比较，在研究中被广泛使用。HHI 可用于判断行业集中风险，但无法具体度量行业集中风险的大小。

《巴塞尔新资本协议》要求商业银行实施内部评级法，提出了资本充足率的计量方法。基于《巴塞尔协议》经济资本占用的思想，国外学者根据有关行业经济资本占用，研究了行业信用风险敞口及集中度问题。如 Duellmann 和 Masschelein（2006）研究了不同行业集中对经济资本占用的影响，提出降低行业风险敞口集中程度有利于减少行业经济资本占用。

二、国内行业信用风险管理的相关理论研究

随着中国商业银行商业化和市场化发展，国内关于行业信用风险管理的理论研究逐步增多。总体上，国内有关理论研究主要集中在行业信用风险管理的某个方面，或就具体行业开展理论研究。

（一）关于行业信用风险管理的必要性

自 20 世纪末以来，有关理论研究逐步认识到行业信用风险的重要性。韩秋月（1999）提出，商业银行信贷风险的形成是多种因素综合作用的结果，其中信贷风险形成的重要根源之一是行业运行的周期性波动，及其引发信贷膨胀和紧缩的周期性交替。因此，实施反周期信贷管理政策，建立行业波动的预警体系，对提高商业银行信贷风险化解能力，有着重要的理论意义和实践意义。汪竹松（2000）认为商业银行开展行业评级的意义体现在三方面：一是行业分析是商业银行把握公司客户市场和客户定位的基础，二是建立行业信用风险评级体系有利于提高入世后我国商业银行的竞争力，三是开展行业评级有利于商业银行拓展中间业务和金融咨询业务。李麟（2004）指出行业信用风险管理是信贷风险管理的重要创新，有利于控制宏观总量的系统性风险，有利于

实施主动、事前的风险管理，也有利于实施可计量的风险管理；行业风险控制管理顺应了信贷管理创新的发展趋势，能够有效弥补客户评级、法人客户授信、五级分类、贷后管理在信贷管理中的不足。张宗益（2006）在对信用风险度量模型中加入行业变量，验证了行业因素对客户信贷风险的影响，验证了客户处于不同行业会对其违约行为有显著的影响；并建议商业银行在预测和控制客户信贷风险时，应该考虑该企业所属的行业环境。张昕（2014）认为商业银行应了解行业的投资规律，通过行业分析制定科学的行业信贷政策，同时加强行业内部评级和风险量化，客观识别出行业面临的市场风险、政策风险以及关联风险等。

（二）关于行业风险因素分析和行业评级分析框架

武剑（2003）提出了行业风险评级的基本框架，其提出的评级框架包括四个要素模块：一是以经济周期、宏观政策等为代表的宏观经济环境和行业运行环境，二是以市场供求、技术风险、产业成熟度以及行业垄断程度等为代表的行业经营状况评价，三是以销售、利润等为代表的行业财务数据分析，四是以信贷资产质量、行业信贷结构和信贷风险成因等为代表的行业信贷质量评价；通过以上综合因素评价，对各行业进行统一的风险评级，其结果分为低、中低、中等、中高和高风险五个等级。周燕（2004）认为有必要对行业的兴衰进行分析以便为商业银行的信贷投资决策提供依据，其提出的行业信用风险分析因素包括：政策环境、体制环境及外部冲击等行业外部环境，行业生命周期、行业经济结构、行业依赖性、产品替代性等行业发展特征，行业净资产收益率、销售利润率、资本积累率、行业亏损面及行业亏损度等行业运营状况，以及行业信贷平均损失率和行业信贷资产加权平均期限等行业信贷分析因素。黄峰（2004）应用聚类分析方法对批发零售贸易板块上市公司的财务指标进行分析归类，发现影响信贷风险的财务指标可以归为资产综合利用效果、偿债与营运能力、发展趋势、盈利能力、现金流水平等 5 个方面，具体可简化为净资产收益率、现金比率、主营业务收入增长率、净利润率、每股经营现金流等 5 个指标。顾乾屏（2007）综合运用 Logit 模型、多元判别和主成分模型，对不同行业进行财务危机预警研究，认为针对不同行业选用财务指标的频率是不同的；因此，在判别行业财务质量时，应有针对性选择不同的财务指标，其中使用较多的财务指标包括：总资产报酬率、资产负债率、总资产周转率、全部资本化比率和销售利润率等。王劼（2012）从偿债来源入手，根据行业盈利收入、行业现金流、行业资产负债率和行业盈利能力等指标，对行业当前债务安全性和预期债务安全性进行判断，提出了行业信用风险评价分析框架，并以煤炭行业为例进行了实证测算。

（三）关于行业集中度和行业风险限额

武剑（2007）提出风险限额是根据风险收益最大化（如 RAROC 最大化）原则，通过资产组合分析模型设定的风险敞口（EAD）最高上限；风险集中度限额是设定于行业和区域等敞口的规模上限，避免风险过度集中于某类敞口；在设定敞口集中度限额时，可先将表内和表外各类敞口转换为贷款等价物，然后统一设定风险限额；有关风险限额的管理流程包括风险限额的制定、监测、超限额处理和考核。刘肖原（2011）以赫芬达尔指数作为行业信贷投向集中度测算指标，对我国行业信贷投向的集中性进行了研究，认为我国商业银行信贷行业集中现象比较严重，信贷主要集中在传统行业、垄断性行业以及国家支持力度比较大的基础设施行业；认为行业信贷集中将促使热点行业非理性扩张，同时加大了商业银行的信贷风险。刘轶（2013）对资本监管约束下的不同行业信贷风险偏好进行了研究，认为资本监管会对商业银行的信贷行业选择产生影响；建议对房地产与建筑业等风险较高行业，应设定更高的风险资本要求，以防止信贷向高风险行业集中。徐劲（2013）利用商业银行内部评级法的计量结果，提出了行业信用风险限额的实证测算模型，以贷款经风险调整后的资本收益率最大化建立目标函数，以全行各行业目标信贷增长总量为约束条件，通过非线性规划方法得出行业信用风险限额的结果，并对模型结果进行了修正。

（四）关于行业信贷风险控制、投向和结构调整

王树林（2005）利用行业风险效益综合指数，对商业银行在第二产业的信贷投向选择进行了研究；研究认为综合风险因素和效益因素，能够更客观反映和指导行业信贷投向的选择；从研究结果来看，商业银行信贷应重点进入符合转型升级和政策扶持的优势产业、国家积极倡导的朝阳产业、高科技产业和新兴产业以及国民经济基础性和支柱性产业。王炎（2011）提出通过信贷等金融手段，加强对先进装备制造业的融资支持力度，既有利于商业银行拓展优质信贷业务市场，也有利于促进产业的健康发展；根据行业风险分析，商业银行应优先支持重大高新装备制造业，并加大对高端装备制造业（如铁路运输设备）的信贷支持力度。房巧玲（2013）根据2011年中国商业银行的行业信贷数据，分析行业信贷资产的配置对商业银行信用风险和收益的影响，通过实证研究认为不同行业存在不同的风险收益和经营绩效，部分商业银行在行业投向上存在高风险低收益的特征；据此商业银行应研究分析行业经济属性特征的变动，优化行业信贷结构和信贷资产配置。

第三节　行业信用风险管理相关实践

一、国外商业银行有关行业信用风险管理的实践

国外商业银行积极关注行业信用风险管理，经过多年的实践积累了大量先进的管理方法和经验。花旗银行、高盛公司、苏格兰皇家银行等

国外知名银行，均对行业信用风险尤其是行业集中度风险予以特别关注。部分国际先进银行，如花旗银行、瑞士信贷、德意志等在行业分析方面均投入了大量资源，其分析水平和评价能力甚至接近穆迪和标普等外部评级公司。国外大型商业银行普遍认为在客户尽职调查报告中应增加行业分析内容，积极实施行业信用风险评价和评级管理，同时高度关注行业集中度风险，尽量保持行业信贷结构的合理分散，避免出现系统性风险。此外，建立行业专家团队，对重大行业投资决策进行审议。

本书以花旗银行集团及其下属子公司（花旗银行中国有限公司）为例，探讨国外商业银行有关行业信用风险管理的实践情况。

（一）花旗银行集团

花旗银行在团队建设、风险识别、风险评级和计提拨备等方面均考虑行业因素。花旗银行公司和投行业务客户团队按照行业和国别进行划分。针对公司贷款组合的主要风险，建立一套涵盖风险监测、风险评估和风险管控的风险管理程序；在进行风险评级时考虑因素不仅包括债务人的财务状况，还包括债务人的行业和区域因素。在计提公司客户贷款拨备时，管理层要综合考虑经济环境、行业和区域等外部因素以及组合集中度等内部因素，通过定性和定量风险进行评估确定。

花旗银行严格控制行业集中度风险。花旗银行认为信用集中度风险主要来自于单一客户、行业、区域的风险敞口。为了有效管理集中度风险，花旗银行建立了涵盖行业限额和客户限额的集中度风险管理框架，同时在全球风险管理中开展集中度风险压力测试。花旗银行公司客户信贷组合按照行业进行多元化分散，2014 年信贷组合中交通和工业信贷占比 21%，较上年下降 1 个百分点①。

---

① 资料来源于花旗银行集团《2014 Annual Report》。

（二）花旗银行（中国）有限公司

花旗银行（中国）有限公司是花旗集团在中国成立的外资子公司。花旗中国秉承了花旗集团的风险管理文化，在客户选择和信贷审查时，充分评估行业风险因素。客户经理和信贷分析员在取得客户相关信息后，须评估客户所在行业、企业规模、市场地位、重要财务指标等，确定客户是否满足信贷标准。

花旗中国客户信用评级体系涵盖行业周期性等因素。目前，花旗中国应用集团提供的亚太区企业风险评级模型评定借款人风险评级（ORR），但在此基础上还会评估对借款人信用评级产生影响的长期因素，最终得出客户内在风险评级。其中，长期因素重点包括行业周期性、政府政策以及法律法规的影响等因素。花旗中国制定行业目标信贷市场和信贷标准。根据董事会指示的战略和风险承受度，针对各个不同行业及客户类型的风险接受程度，制定出目标市场以及具体风险接受条件的标准，以提高寻找信贷客户以及信贷审批的效率。

花旗中国控制信贷资产在行业及地区等方面的集中程度。花旗中国在管理信贷信用风险集中度方面，本着信用风险分散化的原则，对同一借款人集团和行业设定限额，对行业的授信规模均控制在各自限定比例之内。定期监控和报告行业信贷分布情况。对于规模较大的行业如制造业，实施更为详细的分类和监控，以确保不会过度集中于某一行业。截至2013年末，花旗中国制造业贷款比重为28%，较上年末下降1个百分点①。

---

① 资料来源于花旗银行（中国）有限公司《2013年度信息披露》。

二、国内商业银行有关行业信用风险管理的实践

（一）国内商业银行积极开展行业信贷管理

目前，国内银行业逐步认识到行业信用风险管理是商业银行防范信用风险的最有效手段之一，高度关注并积极开展行业信贷管理工作。根据公开资料，工商银行按年度发布行业信贷政策，2014 年共制定发布了 61 个行业政策，涉及制造业、服务业、基础设施等大多数行业板块，政策覆盖贷款占境内公司贷款总量的 85%；2015 年在对行业板块进行划分的基础上，制定了 18 个行业板块（含若干个具体行业）信贷政策，实现了对公司客户贷款的全覆盖管理。

建设银行在信贷政策和结构调整方案中，要求把握产业结构调整方向，细化行业信贷政策，将行业信贷定位分为进、保、控、压四类，即进入战略拓展行业，保住传统优势行业，控制审慎支持行业，逐步压缩劣势行业。

中国银行在公司行业信贷投向指引中，在综合考虑外部市场环境、业务机会和行业风险的基础上，将信贷行业分为积极增长类、选择性增长类、维持份额类和压缩类四类，对于不同类别行业，实行差别化客户准入标准。

农业银行结合国家产业政策导向和本行经营战略，不断完善相关行业信贷政策；特别是该行积极加强涉农行业信贷政策研究，制定了肉制品加工、乳品加工、制糖、白酒等涉农行业信贷政策。

邮政储蓄银行立足服务三农、普惠金融的战略导向，按年度制定发布行业授信政策指引，将行业信贷定位划分为鼓励进入类、适度进入类、审慎进入类、压缩类和禁止进入类。根据本行战略导向，优先支持现代农业、消费类等民生领域相关行业和弱周期行业等。

（二）国内商业银行开展行业信用风险管理的主要目标

1. 防范行业信用风险。防范行业信用风险是国内商业银行开展行业信用风险管理的首要目标。防范行业信用风险的重点是控制行业融资风险总量和优化行业信贷质量。控制行业融资风险总量是防范行业系统性风险的重要手段。如工商银行对产能过剩行业实施严格的融资限额管理，将实际信贷总量控制在限额额度以内，在达到行业限额时，即使再好的企业也要严格控制新增融资。优化行业信贷质量重点是控制行业不良贷款总量和降低行业不良贷款比例。具体来说，通过有效的行业信贷政策管理，减少行业风险损失。如优选行业客户以降低客户违约概率，合理匹配融资产品以降低贷款债项的风险水平，提高贷款定价或落实有效担保措施以提升贷款出现风险后的补偿能力。

2. 指导行业信贷市场投放。指导行业信贷市场投放包括两方面的内容。一是指导行业之间的信贷投放，引导信贷资源在具体行业上的"进"或"退"策略。如近年来我国石油、电信和烟草行业均是信贷投放的优质行业，贷款不良率接近于零，国内大多数商业银行将这些行业列为鼓励进入类行业；而焦炭、电石、印染等"两高"行业的节能环保成本日益提升，行业发展空间有限，在信贷投向上被予以严格控制。二是指导行业内部的信贷投放，即是在明确具体行业"进"或"退"策略的前提下，通过行业信贷准入标准、行业客户分类管理等政策要求，进一步细化行业内的客户、产品的信贷投向。如石化行业为近年来的信贷优质行业，但其中小炼油企业装备落后，规模经济效益差，信贷风险较大；同样，即使在严控的信贷压降行业中，也有可优先支持的龙头骨干企业，如造船行业为当前信贷高风险行业，但其中两大国有造船龙头集团市场订单饱和，仍可予以重点支持。

3. 优化行业信贷结构。优化行业信贷结构即是在有限信贷资源的前提下，按照信贷收益最大化的原则，明确行业的信贷总量布局和新增信贷规模配置。指导行业信贷投放是要求明确行业的"进"或"退"策略，而优化行业信贷结构则要求明确行业的"进多少"或"退多少"。如自 2010 年以来，工商银行积极实施主动信贷结构调整战略，计划通过三年左右的时间，降低电力、公路、城建和房地产等传统能源和基础设施行业的贷款比重，积极拓展现代服务业、先进制造业、战略性新兴产业和文化产业等实体经济和新兴行业的信贷市场，提高新"四大行业"的贷款比重①。同样，优化行业信贷结构也包括优化行业间信贷结构和优化行业内信贷结构两个方面的要求。实践中，国内商业银行一般通过实施行业限额控制、客户授信控制和资产组合管理来实现行业信贷结构的优化。

（三）行业信用风险管理已成为信贷风险防控的有效工具

实践证明，行业信用风险管理兼具宏观战略和微观管理的双重优势，能够有效防范行业信用风险。在宏观管理上，行业信用风险管理可实现行业信贷的战略布局，能够在板块层面上把握行业信贷的进或退，规避行业系统性风险，构建合理的行业信贷布局。如工商银行自 2003年成立行业分析中心以来，严格控制产能过剩行业的信贷投放，逐年降低产能过剩行业的贷款占比，在控制行业信贷风险的基础上，也实现行业信贷结构的优化。另外，工商银行已连续 10 多年按年度制定和修订电力等行业信贷政策，明确严格的电力行业客户信贷准入和客户分类标准，2014 年工商银行电力、热力、燃气及水的生产和供应业（行业门类 D）不良贷款率居于四大行最低水平。同时，在微观管理上，行业信用风险管理能够与行业客户相结合，通过行业客户信贷准入管理、行业信贷客户分类管理等手段，实现防范行业客户信贷风险的微观管理目标。因此，相对于宏观信贷战略，行业风险管理更为细化，更具有可操

---

① 引自董欲晓、刁晓琼：《信贷谨慎宽松》，财经杂志，2012 年 1 月。

作性；相对于单一客户风险管理，行业风险管理覆盖范围更广，管理效率更高。

国内商业银行的实践经验和探索为行业信用风险管理研究提供了重要参考。但总体上，国内商业银行的行业信用风险管理在工作重点上，侧重于行业信贷分析、行业风险预警和行业信贷政策的制定，相对来说缺乏对行业风险评级和行业限额管理的细化研究；在管理决策上，主要以定性和定量分析以及专家意见为判断依据，相对来说缺乏现代信用风险管理模型的运用；在管理对象上，侧重于对单一具体行业或行业板块的风险管理，相对来说缺乏对全部行业或行业组合的系统管理。

第四节 有关行业信用风险管理的监管要求

国内外银行业监管机构高度重视行业信用风险管理问题。巴塞尔银行业监管委员会和中国银监会在信用风险管理的监管导向中，均要求商业银行积极开展行业信用风险管理，有关监管导向主要集中在识别客户行业风险、实施有效的行业风险评级和防范行业信贷集中度风险等方面。

一、《巴塞尔协议》相关监管要求

巴塞尔银行监管委员会①要求商业银行积极开展行业风险评级。

---

① 巴塞尔银行监管委员会（Basel Committee on Banking Supervision）为国际清算银行的正式机构，负责制定国际银行业监管标准和指导原则，各成员国依据其监管标准和原则制定国内银行业监管规则。该委员会于1974年底成立，中国于2009年3月加入该组织。

《巴塞尔新资本协议》① 在内部评级法关于评级体系设计中提出，"银行必须使用多个评级方法或体系，例如可对特定的行业或市场设计评级体系②"。评级体系主要包括评级方法、评级流程、评级数据以及评级系统等。

《巴塞尔协议》高度关注行业风险因素对借款人风险的影响。对采用内部评级高级法的银行，巴塞尔协议要求信用评级能够反映影响贷款风险损失的因素，具体包括贷款担保、贷款品种，以及借款人所处的行业等因素。在有关评级时限上，要求评级时考虑的经济状况要与"各自行业和地区可能发生的状况一致"。

《巴塞尔协议》认为贷款集中风险可被视作银行发生主要问题最重要的原因，集中风险有可能造成重大风险损失，足以威胁到银行的信用或给银行的经营安全造成重大负面影响。商业银行要高度关注信贷集中风险，其中集中度风险包括"对同一经济行业或地域的交易对手的贷款风险③"；如"银行发现某些热点或快速增长的行业并对其过分乐观时，最容易产生过分的风险集中"。针对风险集中问题，商业银行应有效识别和监控信贷集中度风险，建立完善的内部管理政策和风险控制措施，包括制定行业风险限额和开展行业集中度风险压力测试等。

《巴塞尔协议》认为商业银行应开展行业风险压力测试，并定期披露行业风险暴露情况。对采用内部评级法的银行，要开展情景分析和有效压力测试，以反映重大突发事件或风险状况的发生，对银行的信用暴

---

① 《巴塞尔新资本协议》指巴塞尔银行监管委员会制订的有关协议、监管标准与指导原则，包括《关于统一国际银行的资本计算和资本标准的协议》及其修订内容与监管框架。

② 引自巴塞尔银行监管委员会：《巴塞尔协议Ⅲ：综合版》P93，中国金融出版社，2014 年 1 月。

③ 引自巴塞尔银行监管委员会：《统一资本计量和资本标准的国际协议：修订框架》P133，中国金融出版社，2004 年 1 月。

露可能产生的不利影响，"压力测试中采用的情形包括经济或行业衰退"等。商业银行要定期披露"风险暴露的行业分布"，以及"每个主要行业或交易对手的逾期及不良贷款的总额"①。

此外，《巴塞尔协议》还高度关注房地产行业信用风险对商业银行的潜在负面影响。巴塞尔委员会通过对多个国家和地区多年的实践分析，认为房地产业贷款是商业银行可能出现信用风险损失的重要原因。因此，在《巴塞尔协议》中，对房地产抵押贷款要求执行较高的风险权重（100%）②。

二、国内监管机构相关监管要求

国内银行业监管机构的相关监管要求，包括商业银行应积极识别行业信用风险、加强行业风险评级、关注行业信贷集中度风险等方面。

监管机构认为行业信用风险是商业银行非零售业务风险的重要因素。银监会《信用风险内部评级体系监管要求》（2012 年）明确提出，影响公司信用风险暴露及风险损失的重要因素包括贷款担保因素、外部经济环境因素以及"债务人所处的行业因素"等。商业银行在分析客户还款意愿和能力时，应充分考虑"经济衰退或行业衰退"等因素。

监管机构要求商业银行应有效识别客户的行业风险因素。2004 年，银监会《商业银行授信工作尽职指引》（银监发〔2004〕51 号）要求，商业银行在对客户授信进行分析评价时，不仅要对客户财务因素进行分析，还应对客户"装备和技术能力、行业特点以及宏观经济环境"等非财务方面的风险进行识别；客户分析评价报告应注明客户的经营管

---

① 引自巴塞尔银行监管委员会：《巴塞尔协议Ⅲ：综合版》P241，中国金融出版社，2014 年 1 月。

② 引自巴塞尔银行监管委员会：《巴塞尔协议Ⅲ：综合版》P41，中国金融出版社，2014 年 1 月。

理、财务和行业等状况；在分析客户的行业风险时，应重点关注"行业定位、竞争力和结构、行业特征、行业管制和行业成功的关键因素"等内容。

监管机构认为商业银行应开展行业风险评级。银监会监管规定要求，商业银行应根据客户评级和贷款评级以及"行业层面评级结果，制定差异化的信贷政策"①。同时，要求商业银行在客户评级时也要评估基于行业维度的风险因素，如对客户评级除评估客户自身的风险因素外，还要评估"行业发生不利变化"对客户信用风险的影响，并进一步通过情景分析和压力测试评估客户风险敏感度。为有效开展客户和行业风险评级工作，银监会要求商业银行应当建立涵盖"行业、区域、产品等资产组合以及宏观层面数据"在内的风险数据集市，以满足评级模型开发、优化、校准和验证的需求。

监管机构高度关注商业银行信贷行业集中度风险。银监会《商业银行风险评估标准》（2012 年）提出，行业信贷集中度风险是指银行对某一具体"行业具有较高的风险暴露而产生的风险"，比如商业银行对铁路、公路行业贷款和房地产行业贷款均可产生行业集中度风险。为防范和控制行业信贷集中度风险，《商业银行资本管理办法（试行）》（银监会令 2012 年第 1 号）提出，银监会可对部分行业设定特殊的"集中度风险资本要求"，如对房地产业贷款可在审慎评估行业平均违约趋势基础上计提相关风险资本。

综上，根据上述行业信用风险管理内涵、国内外理论研究和实践，以及国内外相关监管要求，本书的研究重点主要包括三个方面：一是从行业信用风险的识别入手，对中国商业银行行业信用风险的成因和风险要素进行分析；二是针对行业信用风险的度量要求，重点就中国商业银

---

① 引自银监会：《信用风险内部评级体系监管要求》（2012 年）。

行行业风险评级、风险限额等内容进行研究；三是针对行业信用风险控制的要求，对中国商业银行在行业信贷管理方面的政策和制度措施进行研究分析。

鉴于目前中国商业银行经营特征和信用风险形式，信贷风险是最主要的风险来源（如 2014 年工商银行贷款减值损失占全行资产减值损失的 96.5%）。行业信用风险主要体现为行业信贷风险，考虑到研究数据的可得性，因此主要以行业信贷风险为重点对行业信用风险问题进行研究和分析。同时，由于行业的特征属性以及中国商业银行的信贷制度体系，行业信用风险主要集中在法人客户信贷业务，基本不涉及个人信贷业务，因此，本书主要基于商业银行法人公司客户信贷数据，开展行业信用风险管理的研究。

第三章

行业信用风险识别

识别行业信用风险的重点是要对影响行业信用风险的核心因素进行研究和判断。根据产业竞争力理论研究,并结合中国产业发展现状和风险特征,当前影响和反映中国产业竞争力的主要因素可归纳为宏观经济环境、产业发展特征、行业财务运行及产业政策导向等四个方面。本章主要基于这些影响因素,研究其对行业信用风险的影响和传导机制,提出识别行业信用风险的综合分析框架。考虑到行业运行和风险影响因素涉及方方面面,每个方面之下包含众多变量,且不同行业的影响因素也不尽相同,因此本书分析不求面面俱到,主要是基于核心影响因素来探讨如何识别行业信用风险。

第一节 基于宏观经济环境的风险识别

识别行业信用风险首先需要预判宏观经济环境对行业信用风险的影响和传导。总体来看,宏观经济周期变化、经济增长要素驱动、财政和货币政策,以及政治、法律和社会环境等宏观因素,对行业信用风险的影响最为显著。

一、宏观经济周期

（一）宏观经济周期与行业信用风险状况具有显著的相关关系

宏观经济周期是影响行业信用风险最重要的宏观因素。经济周期可分为繁荣、衰退、萧条、复苏四个阶段，通常也将其概括为经济扩张、经济收缩两大阶段。在经济周期上行（复苏、繁荣）阶段，行业经济运行状况普遍向好，行业发展、盈利和偿债能力增强，行业内客户的违约概率下降，因此行业信用风险呈逐步降低的态势；相反，在经济周期下行阶段，行业信用风险则将逐步上升。如近年来，中国宏观经济周期下行趋势明显，GDP 增速由 2011 年的 9.3% 下降至 2014 年的 7.4%，同期主要商业银行行业公司客户贷款质量也相应下行，如工商银行法人客户贷款不良额自 2012 年底开始出现反弹，平均不良贷款率由 2012年底的 1.0% 增长至 2014 年底的 1.31%。特别是 2014 年中国 GDP 增速进一步下滑，中国商业银行整体不良贷款率 1.25%，较年初上升 0.25 个百分点；其中工、农、中、建四大行的制造业和服务业等重点行业不良贷款均呈上升态势。根据 2012 年 4 季度以来数据统计，GDP 增速与商业银行不良贷款率的相关系数为 − 0.83，与工商银行制造业不良贷款率的相关系数为 − 0.77。可见，宏观经济周期的波动对行业信贷质量影响十分显著。

表3—1　2012 年 4 季度以来 GDP 增速与不良贷款率情况　　（单位:%）

时间	GDP 增速	商业银行 不良贷款率	工商银行制造业 不良贷款率
2012 年第 4 季度	7.70	0.95	1.61
2013 年第 1 季度	7.80	0.96	
2013 年第 2 季度	7.60	0.96	1.66

续表

时间	GDP 增速	商业银行 不良贷款率	工商银行制造业 不良贷款率
2013 年第 3 季度	7.70	0.97	
2013 年第 4 季度	7.70	1.00	1.82
2014 年第 1 季度	7.40	1.04	
2014 年第 2 季度	7.40	1.08	1.85
2014 年第 3 季度	7.40	1.16	
2014 年第 4 季度	7.35	1.25	2.33

数据来源：国家统计局 http：//data. stats. gov. cn；银监会 2012—2014 年《商业银行主要监管指标情况表》，http：//www. cbrc. gov. cn/chinese/home/docViewPage/110009. html；工商银行 2012—2014 年半年报和年报

（二）宏观经济周期波动对不同行业信用风险的影响有所差异

尽管经济周期（上行/下行）与行业总体信贷质量（提升/下降）在总体上呈显著的正相关性，但个别行业信用风险对经济周期的反应会有所差异，这主要是由行业周期与经济周期的正向或反向相关性特征决定的。从行业周期与经济周期相关性来看，行业可分为顺周期性行业、弱（抗）周期性行业或逆周期性行业。顺周期行业发展与经济周期正相关性明显，弱（抗）周期性行业对经济周期的反应并不显著，而少数的逆周期性行业在经济下行时反而行业运行状况会出现向好趋势。

总的来看，顺周期行业包括制造业、钢铁、机械、石化、房地产、货物运输、造船、有色、电力、化工等绝大多数行业；弱周期性行业主要包括一些与民生、消费等刚性需求相关的农业、农副食品加工、食品饮料、旅客运输、医药、烟草等行业；而文化、娱乐、低端消费品、二手货物、修理行业具备一定的逆周期性。因此，在判断经济周期对行业信用风险的影响时，首先要判断经济周期的运行阶段，其次判断行业周

期与经济周期的相关性和敏感性，最后才能识别经济周期对行业风险的
影响。

二、投资、出口和消费

宏观经济可以看成是由各个产业经济的集合，根据 GDP 支出核算
法，宏观经济增长要素由投资、出口和消费三驾马车组成。可见，投
资、出口和消费不仅对宏观经济增长有重要影响，同时还会密切影响行
业运行状况和行业风险状况。由于行业属性的差异，不同行业对投资、
出口和消费的依赖程度不同，因此其所面临的行业信用风险也会有所
不同。

（一）投资相关行业信用风险

投资相关行业包括投资拉动型行业和投资关联型行业。投资相关行
业的信用风险与投资总量和投资增速密切相关。

投资拉动型行业主要是指依靠固定资产投资直接带动的行业，包括
房地产、铁路、公路、电力、城市基础设施、城市公用事业等（"铁工
基"）公共基础性行业。近年来，中国投资增速呈总体下降趋势，固定
资产投资实际增速由 2009 年的 33% 下降至 2014 年的 14.7%。投资拉
动型行业发展空间明显下降，融资渠道紧张，风险呈增大趋势，如
2014 年大型商业银行房地产业不良贷款和不良率出现较大波动，建设
银行房地产业不良率1.1%，较上年增加0.34 个百分点；农业银行房地
产业不良贷款率0.96%，较上年增加0.3 个百分点。近年来，中国大型
商业银行普遍实施信贷结构调整，总体上要求压降或控制投资拉动型行
业的贷款占比。

投资关联型行业是指与固定资产投资紧密相关的行业，主要包括投
资拉动型行业的上下游产业，如钢铁、水泥、电解铝、平板玻璃等原材
料行业。这些行业由于市场充分竞争、产能相对过剩，在与上下游客户

议价过程中，处于相对弱势地位，因此受投资下滑的负面影响更为严峻。在当前投资增速下滑背景下，这些行业产能过剩效应凸显，经营普遍较为困难，行业信用风险急剧增大。

（二）出口相关行业信用风险

出口密切相关行业包括服装、机械、家电等贸易导向性行业以及贸易代理、货物运输（航运、港口、造船）等贸易服务性行业。2010 年以来，中国国际贸易形势逐年趋于严峻，商品出口增速大幅下滑，贸易相关行业信用风险也呈增大趋势。如 2014 年中国造船行业完工量出口占比 85%，受国外新船订单下滑影响，造船行业陷入严重困局，主要商业银行造船行业平均不良贷款率在 5% 以上；2014 年中国纺织品服装出口增速 5.1%，较上年下降 6.3 个百分点，纺织服装业出口依赖度在 20% 以上，随着出口成本优势的下降，行业信用风险日益显现，工商银行 2014 年末纺织及服装行业不良率 3.01%，较 2012 年末上涨了 0.67 个百分点；受国际贸易及远洋运输业市场下滑影响，2012 年航运业龙头企业中国远洋控股公司亏损近 100 亿元，2013 年成为上海证券交易所最大的 ST 股。

（三）消费相关行业信用风险

消费变动对消费类行业信用风险具有直接的影响。消费相关行业主要包括：非耐用消费品业（如农业、农副食品加工业、食品饮料、日用百货行业等）、耐用消费品业（如数码产品、家电、汽车等）以及生活性服务业（如旅游酒店、美容、餐饮、娱乐以及高档消费品业等）。目前，消费正逐步成为国民经济增长的重点拉动板块，2014 年消费对GDP 的贡献达到 51.2%，连续多年保持增长态势，已成为拉动经济增长的主引擎。近年来，国家大力促进消费，且随着居民收入的提高，消费刚性需求属性进一步突显，因此中国消费相关行业的信用风险总体保持稳定，受宏观经济周期的影响相对较小。但不同消费类型行业与经济周期相关性差异较大，如高档消费品业与一般消费品业信用风险出现分化。

三、财政与货币政策

财政政策和货币政策作为宏观经济调控的重要工具，不仅影响宏观经济运行，也会影响产业运行状况。财政、货币政策对行业信用风险的影响主要取决于政策导向。通常积极的财政、货币政策在短期内有利于降低行业信用风险，但从长期来看则取决于政策的实际效果是否促进了产业的健康运行。

（一）财政政策通过对产业运行的传导作用影响行业信用风险状况

积极的财政政策一般会扩大政府支出，有利于促进行业的市场销售；降低企业税收税率，缓解行业的经营成本压力，提升产业的盈利能力和市场竞争力。如2008年11月中国国务院召开常务会议，宣布实行积极的财政政策和适度宽松的货币政策，实施"四万亿"投资一揽子财政刺激计划，根据匡算自2008年底到2010年底约需投资4万亿元①；一系列刺激措施有效促进了经济企稳回升，行业信用风险得到有效缓解，2010年底工商银行行业整体贷款不良率1.31%，较2008年底年下降近1.59个百分点，各行业贷款质量普遍出现改善效果。另如2009年财政部《关于减征1.6升及以下排量乘用车车辆购置税的通知》（财税〔2009〕12号）提出，在当年对1.6升及以下排量乘用车按5%减收车辆购置税，这一政策极大地推动了汽车消费，带动了汽车工业的高速发展；2009年底工商银行交通运输设备行业（以汽车行业为主）贷款不良率2.23%，较年初下降了0.54个百分点。

---

① 引自中国政府网，http：//www.gov.cn/ldhd/2008－11/09/content_ 1143689. htm。

表3—2 "四万亿"投资期间（2008—2010年）

工商银行重点行业不良贷款率情况 （单位：%）

时间	行业整体合计	制造业	电力、燃气及水的生产供应	水利、环境和公共设施管理	房地产	批发、零售及住宿
2008年12月	2.90	5.93	1.53	0.65	2.21	7.27
2009年12月	1.94	4.36	1.23	0.07	1.50	4.64
2010年12月	1.31	2.85	0.92	0.04	1.05	2.61

数据来源：工商银行2008—2010年报。

相反，紧缩财政政策会抑制经济扩张，遏制产业盲目扩大生产，增加产业经营成本，有可能造成行业风险集聚。如税务总局等部门为限制高耗能资源性行业出口，近年来逐步提高焦炭行业税率，到2008年将出口关税进一步提高至40%并实施配额管理，尽管有利于产业发展，但在短期内对行业信用风险将造成不利影响。

（二）货币政策作为金融调节工具对行业信用风险的影响更为直接和显著

在积极货币政策下，货币供应量放大，信贷实施扩张计划，行业融资较为便利，企业扩大再生产和资金周转能力增强；同时由于资金价格下浮，行业整体融资成本下降，因此行业整体信用风险会有效降低。如2009年我国广义货币（M_2）供应量增速达到27.7%，当年中国四大商业银行行业整体贷款不良率均出现明显下降。根据产业生产要素密集度的差异，货币政策对不同行业的影响也会有所差异，对冶金、机械、化工等资金密集型行业的影响更为显著。同时，货币政策中汇率政策对进出口相关行业影响较大。此外，对于一些战略性新兴产业、涉农产业，国家要求执行优惠利率等宽松货币政策，也有利于促进行业发展，降低行业信用风险。

四、政治、法律和社会环境

尽管政治、法律和社会环境不是影响行业信用风险的显著因素，但在特定条件下对行业风险也会产生实质性的影响。《巴塞尔新资本协议》要求在融资风险暴露评级中要关注政治和法律风险，并要求评定专业融资的政治和法律风险等级。

（一）稳定的政治环境对行业信用风险影响较小

根据《巴塞尔新资本协议》，政治因素主要是基于国别政治稳定性的风险考虑。当前中国政治环境较为稳定，国际主要权威评级机构对中国主权信用评级的结果良好，标准普尔评级公司和穆迪评级公司两家机构2014年对中国主权信用评级分别为"AA－"和"Aa3"，评级展望均为"稳定"，即在12—18个月内维持当前评级的可能性较大[①]。可见，当前政治环境对中国商业银行行业信用风险影响较小，但若政治环境出现较大波动时，则须积极关注政治因素。

（二）法律因素对行业信用风险影响体现在稳定性、完备性和限定性等方面

《巴塞尔新资本协议》关注法律环境是否具备稳定性，法律法规若变动频繁或变动较大，则不利于行业发展和行业风险防控。如2006年国家明确要求地方政府不得为贷款（主要针对政府融资平台）提供任何形式的担保，而在此前政府提供担保的融资模式曾被地方政府和商业银行双方接受；又如近年来对二级公路取消行政收费，使得一些商业银行对二级公路的贷款缺乏还款来源，形成了一些不良贷款。法规完备性

---

① 引自财政部网站：《标准普尔、穆迪完成2014年度我国主权信用评级复评工作》，http：//www.mof.gov.cn/pub/jinrongsi/zhengwuxinxi/gongzuodongtai/。

主要体现在具体行业的法律保障体系是否完善，完备的法律体系则有助于行业稳健发展。如完善的安全管理法律法规有助于煤炭开采、建筑施工、民用爆破等行业建立安全生产长效机制，可有效避免行业突发风险事件，有效的知识产权保护法可鼓励高技术产业创新发展。另外，一些行业法律法规的限定性规定也会对行业风险产生影响。特别是涉及行业贷款抵押资产的限定性规定对行业信用风险影响较大，如目前中国规定教育医疗等公益性行业的公共教育设施、医疗卫生设施等不得用于抵押，使得教育医疗行业贷款一旦违约，缺乏第二还款来源，贷款损失率较高。

（三）社会环境因素对中国商业银行行业信用风险的影响日益增强

社会环境因素主要体现在信用文化、人口素质、商业观念、消费习惯、生活方式、自然环境和生态保护等方面，对行业信用风险的影响也日益值得关注。在经济发达地区，金融生态环境趋好，信用体系逐步建立完善，行业整体信用风险尤其是道德风险则会降低。近年来，随着资源环境承载能力的退化以及群众环保意识的提高，有关自然环境和生态保护等因素对行业发展的影响日益增大，如国家主体功能区发展规划提出，在限制开发区域实行更加严格的产业准入环境标准，在禁止开发区域禁止工业化和城镇化的开发活动，因此限制开发和禁止开发区域的工业领域融资将面临较大风险。

第二节　基于行业发展特征的风险识别

行业发展特征是反映行业综合水平和竞争力以及研判行业发展前景的核心因素，对于识别行业信用风险来说尤为关键。行业发展特征主要包括行业生命周期、行业市场结构、行业技术水平、产业链竞争优势、行业环保与安全性及行业产能利用率等因素。

一、行业生命周期

根据产品生命周期理论，行业生命周期自诞生至消失也可以分为四个阶段：创始期、成长期、成熟期和衰退期[①]。行业信用风险与行业发展周期阶段密切相关。

（一）行业创始期信用风险较大

在行业创始期，行业技术路径并不成熟，产品处于研发试验阶段，行业内企业成活率波动性较大，产业发展速度可能较快但规模偏小，行业整体难以实现盈利。在此阶段行业内部分企业具备可观的成长性，但行业整体的系统性风险较大，不适合银行大量融资介入。从目前我国产业发展状况来看，云计算、物联网、创新医药等行业尚处于产业创始期，更适合通过产业扶持基金、私募基金（PE）、风险投资（VC）等方式予以资金支持。

（二）行业成长期信用风险降低

在行业成长期，行业发展模式和技术路径趋于完善，行业内企业经营稳定性增强，产业发展速度加快，逐步实现盈利，在此阶段行业信用风险逐步下降至商业信贷可承受水平，银行贷款可逐步介入并加大支持。目前，中国节能环保产业（如环境监测专用设备 2014 年销售收入较上年增长 18.7%[②]，近 3 年年均增速在 15% 以上）、高端装备制造、风力发电等新能源行业处于产业成长期，商业银行可对其加大信贷支持力度。

（三）行业成熟期信用风险稳定

在行业成熟期，行业进入规模化生产阶段，技术创新驱动效益将会

---

① 引自苏东水：《产业经济学》，第 362 页。

② 数据来源于国家统计局 http：//data. stats. gov. cn/。

减弱，产业规模和盈利能力趋于稳定并达到最高峰值，在成熟期后期产销盈利能力将逐步减弱，因此在行业成熟期前半段行业信用风险总体可控，但在后半期信用风险逐步增大。目前，中国食品制造业（2014 年销售收入较上年增长 14.4%，连续 5 年增速在 10% 以上）等消费类行业正处于产业成熟期且偏中前期，商业银行可继续予以信贷支持。

（四）行业衰退期信用风险较大

在行业衰退期，产业创新能力趋于停滞，产业规模和盈利能力将逐步下降，行业内企业将面临收缩产能、转产或遭淘汰，在此阶段行业系统性风险较大，银行应严格限制新增融资，对行业的存量融资应加快退出或清收处置。目前，中国钢铁（2014 年粗钢产量增长仅 0.9%，较上年下降 6.6 个百分点）、有色等行业总体上可认为处于衰退期，商业银行应限制对其信贷投放。

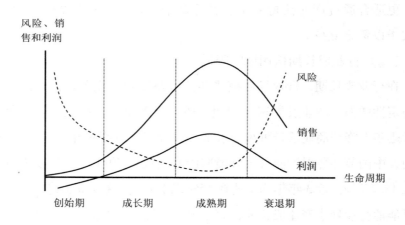

图 3—1　行业生命周期与行业信用风险关系图
资料来源：作者根据行业生命周期风险特征整理。

总体来看，在行业创始期，更适合政府主导的产业发展基金、私募基金和风险资本等融资方式介入支持；在行业发展的成长期和成熟期中前期阶段，行业整体经营稳中向好，系统性风险较低，适合信贷资金支持；而在行业衰退期则需限制或逐步退出银行融资。

二、行业市场结构

行业市场结构是指行业内企业数量及其市场占比的结构分布。行业的垄断程度或产业集中度是体现行业市场结构的重要指标。从行业内客户结构或垄断程度来看，行业市场结构主要包括完全垄断、寡头垄断、垄断竞争和完全竞争等四类行业，产业集中度依次逐步降低。目前，中国完全垄断的行业有烟草行业、电网行业、铁路运输行业等；寡头垄断的行业有石化上游行业、电信运营、电力行业、军工行业等；垄断竞争的行业有煤炭行业、钢铁行业、公路行业、民航业等；充分竞争的行业包括大多数加工制造业及服务业等，包括机械行业、化工行业、轻工行业、食品饮料行业、娱乐餐饮等。

（一）垄断程度高的行业信用风险相对较低

理论上，垄断程度高的行业市场效率较低，但竞争结构较为稳定，龙头企业占据行业主导地位并获得超额利润，行业平均利润率较高，因此行业信用风险较低。从行业信贷质量来看，垄断程度高的行业信贷质量普遍较好，不良额和不良率较低，如主要商业银行对烟草、电网、铁路和电信行业贷款不良率基本为0；从行业大类看，中国商业银行整体2013年交通运输、仓储和邮政业不良贷款率0.68%，电力、热力、燃气及水的生产和供应业不良贷款率0.51%，均低于当年商业银行不良贷款率平均水平（1%）[1]。

（二）竞争程度高的行业信用风险相对较高

竞争程度较高的行业技术创新活跃，资源配置效率较高，但市场竞

---

[1] 引自《中国银行业监督管理委员会2013年报》，http：//www.cbrc.gov.cn。

争激烈，行业波动性大，行业利润率较低或仅能够获得平均利润，因此行业信用风险偏高。竞争程度高的行业信贷质量相对较差，如工、农、中、建四大行 2014 年制造业不良率均在 2% 以上、批发和零售业不良率均在 4% 以上，明显高于交通运输和电力等垄断竞争行业。特别是在经济下行周期中，完全竞争行业抗风险能力进一步变弱。另外，由于规模经济效应和专业化分工，即使是完全竞争行业，也存在较为明显的"二八效应"（The 80/20 Rule），即行业内 20% 的企业创造了该行业 80% 的产值。因此，在分析充分竞争行业信用风险时，还应关注具体的融资客户结构。

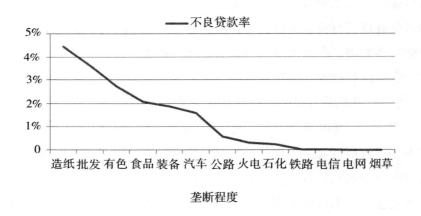

图 3—2　工商银行 2013 年部分行业（从左至右垄断程度变高）
信用风险状况

资料来源：根据行业垄断程度及工行部分行业不良贷款率数据整理。

此外，商业银行行业风险分析不仅要关注行业内的客户竞争结构，还要关注行业内的区域竞争结构、所有制结构、子行业或产品竞争结构。以农机行业为例，中国农机行业 2014 年总产值 2869 亿元，规模以上企业 1464 家，属于充分竞争行业；但区域集中度较高，山东、河南、江苏和浙江等四省占 75% 的市场份额，同时农机行业以拖拉机制造业为主，因此关注山东等重点省份农机制造以及拖拉机制造子行业，即可有效判断农机行业整体信贷风险。

三、行业技术水平

（一）技术先进行业信用风险相对较低

技术水平是反映产业竞争力的核心要素，也是分析行业信用风险的重要因素。技术水平先进的行业更具有超额的盈利能力和可持续的发展前景，因此也会降低行业信用风险；而技术水平相对传统的行业模仿和复制状况普遍，市场竞争激烈，因此行业信用风险相对较大。如目前新能源、新材料、新一代信息技术、重大装备制造等战略性新兴产业技术水平先进，发展前景向好，行业信用风险相对可控，商业银行均将其列为信贷投放的重点，2013 年工行在战略性新兴产业领域的贷款余额已达 2600 亿元，较上年增幅 21%[1]，是全行信贷增长最快的领域之一；而冶金、建材等传统行业发展前景较为一般，技术水平提升空间有限，行业信用风险相对较大。

（二）传统行业内的先进技术企业信用风险相对可控

传统行业内也会有先进技术，高新技术行业内也会有落后企业，因此对任何具体行业来说需关注其先进技术水平和技术发展趋势。如对水泥行业来说，新型干法工艺生产线属于行业内先进技术产能，而传统的立窑、干法中空窑、湿窑工艺技术落后，将逐步面临被淘汰的结局；对机床行业来说，具有数控系统的高端精密机床技术水平先进，我国尚不能完全自主生产，大量依赖国外进口，而传统的中小机床属于简单加工

---

[1] 引自《工行 2600 亿贷款力挺战略性新兴产业》，中国经济网，http://finance.ce.cn。

制造，技术含量较低。从行业信用风险识别来说，应优先支持具有先进技术水平的企业，严格限制介入落后技术企业。

（三）技术变革带来的内外部冲击对行业信用风险影响较大

从内部冲击来看，需关注新技术的应用对传统产业或工艺的压制效应，比如核电、风电、太阳能发电等新能源在能源结构中占比逐步提高，对传统火电来说替代效应将逐步增强；新能源汽车虽目前技术仍存在瓶颈，一旦电池动力技术成熟运用，将对传统的汽车产业带来毁灭性的打击。从外部冲击来看，需关注由新技术酝酿的新产业对现有产业的冲击和替代效应。如中国高速铁路技术日趋成熟、处于国际先进水平，国内高铁已逐步实现安全高效运营，对 1500 公里以内的短距离民航运输造成较大冲击，成都至重庆和西安至郑州等短途民航线路一度停飞①，国内民航业遭受不小负面影响。

对基于技术因素识别行业信用风险来说，还需注意两点：一是先进的技术水平需体现在适用性上，只有适用的先进技术才会促进产业可预期、规模化的成熟发展，而一些尚处于研发试验阶段的高新技术市场化推广难度较大，未必适宜行业信贷的进入。如以煤制油为代表的新型煤化工行业，技术水平含量较高，各地投资冲动较大，也有较大的融资需求，但目前仅在我国内蒙等地开展产业示范化推广试验，其行业信用风险状况不言而喻。二是先进的技术水平还需保持一定的稳定性，如果行业技术发展速度过快，技术更新需求频繁，则行业企业波动性较大，行业可能面临高风险高收益模式，也未必适合银行信贷的介入。如当前移动互联网行业，技术发展模式不断更新，但该行业发展模式通常是一个产品最终只会有 1—2 家企业成活并获得超额收益，因此银行识别风险

---

① 引自《成渝航线昨日正式停飞》，成都日报，2009 年 11 月 17 日；《郑西航线停飞运输业面临洗牌》，河南日报，2010 年 3 月 31 日。

较为困难。

四、产业链竞争优势

波特在产业竞争力的"五力"模型中高度关注行业在产业上下游链条中的竞争优势地位，将"供应商的议价能力"和"购买者的议价能力"作为五个影响产业竞争优势因素中的两大要素。

（一）具有产业链议价优势的行业信用风险相对较小

总体来看，在产业链中主导地位突出的行业，讨价能力较强，更具发展竞争力，因此行业信用风险状况相对较好；在产业链中处于支配或从属地位的行业，讨价能力较弱，行业盈利能力和空间有限，行业信用风险相对更为突出。在市场经济常态下，通常行业市场供给较为充足，因此一般来说，行业与上游供应商行业的议价能力更强，而与下游采购商行业的议价能力相对较弱。但由于行业集中度、资源稀缺性和垄断程度等因素差异，行业议价能力会有所不同。

产业集中度高的行业议价能力更强，产业集中度分散的行业议价能力相对较弱；资源稀缺性行业的议价能力更强，资源过剩性行业的议价能力更弱；垄断程度高的行业议价能力更强，市场充分竞争的行业议价能力更弱。实践中，如我国钢铁行业市场结构为垄断竞争格局，而上游铁矿石供应行业资源稀缺，国外三大铁矿石集团高度垄断，钢铁行业原材料对外依赖度较高，因此在产业链条中处于相对劣势地位，受产业链竞争地位影响，钢铁行业信用风险的不确定性增大。

（二）通过产业链融资可规避行业信用风险

在行业风险分析中，应注重加强对产业链及其交易模式的分析，通过创新产业链融资等业务产品规避金融风险。产业链融资又称供应链融资，是指围绕产业链条中的核心企业，基于上下游交易过程的应收账款或存货所对应的未来现金流，对核心企业及其上下游给予融资支持的融资模式。如前所述产业链中支柱行业（核心企业）地位突出，风险可控，而上下游行业议价能力较弱，风险突出。通过产业链融资的方式，以支柱行业（核心企业）的信用作担保，对上下游行业（企业）提供融资，则可有效规避融资风险。

比如，当前光伏制造行业运行状况较差，融资风险较大，但对与发电龙头企业签订稳定订单的光伏企业，以订单下应收账款为还款来源，可发放融资支持，其行业信用风险相对可控。另外，如针对工程机械行业下游客户，可根据产业链交易模式，通过工程机械龙头企业提供担保或承诺回购等方式，创新工程机械设备按揭、设备融资租赁等金融产品，规避下游客户融资的行业信用风险。

五、行业环保与安全性

当前，环境问题已成为制约中国社会经济可持续发展的焦点性问题。随着经济增长方式的转变，高能耗、高资源耗费、高环境成本的增长模式已不可持续，国家对环境保护的重视程度日益提高，对环境保护的监管要求也逐步提高。

（一）环保风险逐步成为重要的行业信用风险来源

近年来，环境与安全的社会风险和金融风险不断上升，有关重金属污染、流域污染、土壤污染、食品安全的风险事件频繁出现，国家环保总局也不定期公布环境违法企业名单，一旦银行涉及融资将面临较大的风险损失。金融是加强环境保护的重要工具，在国际实践上，世界银行下属的国际金融公司（IFC）等金融机构 2002 年制定了有关环境和社会风险评估的《赤道原则》（*the Equator Principles*），明确了金融机构在环境保护上应发挥的积极作用，目前花旗、渣打等众多大型跨国银行已实行赤道原则，国内兴业银行成为我国首个加入赤道原则的商业银行。中国银监会 2012 年制定了《绿色信贷指引》，要求各商业银行从战略高度推进绿色信贷，以绿色信贷为抓手，加大对绿色经济、低碳经济、循环经济的支持，有效防范环境与社会风险。

（二）环境敏感型行业信用风险和声誉风险相对较大

无论是从风险防范、监管要求以及社会责任方面来说，环保与安全风险已成为行业信用风险的重要因素。按照环保属性来看，行业可分为环境敏感型行业、环境友好型和环境中性行业。

环境敏感型行业是指对环境与资源的敏感程度高、负面影响大，属于国家环境重点监测的行业。当前，我国环境敏感行业范围主要包括有色、印染、皮革制造、电镀、电池制造、植物油加工和制糖业、医药制造、味精、饮料、造纸、焦炭、化工、水泥、平板玻璃、石棉、火电和钢铁（铁合金）等多个行业。环境敏感行业如不加以治理或控制，对周围环境以及对环境内的人、动植物生命与健康将产生较大危害，已成为国家重点监控的领域，其环境与社会风险及由此引发的信贷风险日益增大。从贷款质量来看，环境敏感行业贷款风险较高，以某商业银行为例，2014 年水泥、造纸、化纤、焦炭、纺织等环境敏感行业不良率均在 2% 以上。

表 3—3　重点环境敏感行业污染状况

序号	环境敏感型行业	重点污染方式	污染物年排放量
1	钢铁行业	水污染，大气污染	挥发酚 717.72 吨；二氧化硫 220.67 万吨；烟尘 97.73 万吨；氮氧化物 81.74 万吨；粉尘 193.92 万吨
2	有色金属	水污染	氨氮排放量 3.13 万吨；二氧化硫 122.04 万吨

序号	环境敏感型行业	重点污染方式	污染物年排放量
3	电力燃气及水的生产和供应	水污染，大气污染	挥发酚 194.41 吨；二氧化硫 1068.70 万吨；烟尘 314.62 万吨；氮氧化物 733.38 万吨
4	化学原料及化学制品制造业	水污染，大气污染	COD 排放 60.21 万吨；挥发酚 861.82 吨；二氧化硫 130.15 万吨；烟尘 78.81 万吨；氮氧化物 41.98 万吨
5	石油加工炼焦及核燃料加工	水污染，大气污染	氨氮排放量 2.57 万吨；石油类排放量 0.57 万吨；挥发酚 5110.68 吨；二氧化硫 65.30 万吨；氮氧化物 29.80 万吨
6	非金属矿物制品业	大气污染	二氧化硫 269.44 万吨；烟尘 271.68 万吨；氮氧化物 201.24 万吨；粉尘 222.18 万吨
7	造纸及纸制品	水污染，大气污染	COD 排放 176.91 万吨；挥发酚 346.04 吨；烟尘 29.83 万吨
8	纺织业	水污染	COD 排放 129.60 万吨；氨氮排放量 1.60 万吨
9	农副食品加工	水污染	COD 排放 117.42 万吨；烟尘 26.29 万吨
10	饮料制造业	水污染	COD 排放 51.65 万吨；氨氮排放量 1.24 万吨
11	食品制造业	水污染	COD 排放 22.54 万吨；氨氮排放量 1.12 万吨
12	医药制造业	水污染	COD 排放 21.93 万吨
13	皮革毛皮制品	水污染	氨氮排放量 1.49 万吨

　　数据来源：环境保护部等《第一次全国污染源普查公报》（2010 年）；根据国务院颁布的《全国污染源普查条例》，全国污染源普查每 10 年进行 1 次。

　　除信用风险外，环境敏感型行业贷款对商业银行声誉风险的影响也日益突出。目前，大型商业银行均需按年度披露社会责任报告，其中有关绿色信贷及对环境敏感行业的融资既是报告披露的重要内容，也是社会大众重点关注的焦点之一。

（三）行业安全性也是识别行业信用风险的重要因素

除环保风险外，行业安全性风险也值得密切关注，主要包括食品安全风险和安全生产风险两大类。食品安全风险相关行业包括农业、农副食品加工业、食品制造业、饮料制造业、农产品仓储业、农产品流通业、酒店餐饮等行业。安全生产风险相关行业包括煤炭行业、非煤矿山开采、建筑施工、危险化学品、烟花爆竹、民用爆破等高危行业。特别是近年来，中国有关地沟油、添加剂、瘦肉精等食品安全事件层出不穷，监管部门、社会舆论和百姓高度关注，已成为影响相关行业发展的重要因素。因此，对以上行业评估信用风险需将安全性因素纳入其中。

六、行业产能利用率

（一）行业产能利用率（高/低）与行业信用风险（低/高）呈负相关关系

产能过剩是指在经济运行中产品实际生产能力（含在建生产能力）显著大于有效需求能力的状态。产能利用率是判断产能是否过剩的主要评价指标，西方学者通常用认为产能利用率在79%—85%之间属于合理范围，超过95%属产能不足，低于79%则说明可能存在产能过剩。总体来看，市场经济是过剩经济，适度产能过剩有利于激发市场竞争和推动技术进步；而计划经济易形成短缺经济，出现物质匮乏而引发市场波动。

产能利用率与行业供求形势紧密相关，供求关系是市场经济研究的重点内容，也是影响行业运行走势的重要力量。产能利用率高，行业产品供不应求，反映市场需求相对旺盛，价格呈上涨走势，有助于提升行业的盈利能力，降低行业信用风险；产能利用率低，行业产品供大于求，则说明供给相对过剩，造成价格下行及市场恶性竞争，伴随着部分产能闲置和行业现金流的萎缩，易引发行业系统性风险。

（二）产能过剩问题已成为影响当前中国行业信用风险的突出因素

近20年以来，我国产业经济大体经历了三个阶段，其中两个阶段出现了较为明显的产能过剩问题。第一个阶段是在1998年亚洲金融危机前后，由于90年代前半段大量新增产能导致供给增大，而受危机影响需求非常疲软，多数行业生产能力明显供大于求，这一阶段大规模国企改革可以看作是去产能的一个实例。第二个阶段是以加入WTO为标志的我国经济发展高速增长期，虽然该阶段产能投放十分旺盛，但旺盛的国内外需求增长消耗掉了绝大部分新增产能。第三个阶段是2008年次贷危机以来，随着宏观经济周期下行以及国际需求持续低迷，新一轮的产能过剩问题凸显。当前，我国主要行业领域，尤其是在工业领域产能过剩问题较为严重，产能利用率已低于合理水平形成了实质性过剩。

中国新一届政府自2012年中央经济工作会议以来，明确提出产能过剩是影响我国国民经济运行的关键性问题，要求把化解产能过剩作为当前和今后一段时期内产业结构调整的重点工作。因此，当前产能过剩问题已成为影响行业信用风险的重要因素。国务院2013年发布的《关于化解产能严重过剩矛盾的指导意见》（国发〔2013〕41号）提出钢铁、水泥、电解铝、造船和平板玻璃五大行业为产能严重过剩行业。除了五大严重过剩行业之外，当前焦炭、光伏制造和风电设备行业产能过剩矛盾也较为突出，此外化工、建材等多个领域也不同程度地存在产能过剩迹象。

表3—4　重点产能过剩行业产能利用率情况（2011 年）

序号	行业	单位	产能	产量	产能利用率	占世界比重
1	钢铁	亿吨（粗钢）	9.7	6.83	70%	50%
2	水泥	亿吨	29	20.99	72%	64%
3	平板玻璃	亿重量箱	9.9	7.91	80%	55%
4	焦炭	亿吨	4.28	6.1	70%	——
5	风电设备	万千瓦	3000	2000	67%	43%
6	光伏制造	万千瓦	4000	2300	58%	60%
7	造船	万载重吨	7000	6021	86%	42%
8	电解铝	万吨	2500	1806	72%	45%

数据来源：根据 Wind 行业数据专题报表，及中国钢铁、建材、炼焦、造船、有色金属等行业协会年度报告数据统计。

同时，当前我国一些行业和领域也存在产能不足的情况，主要体现为一些高端产品领域不能自给或自给能力不足，如大飞机制造、高端装备、高端原材料、核心零部件等。即使过剩行业也存在高端产能不足的结构性问题，如风电设备整机和一般零部件过剩严重，但主轴轴承和控制系统等核心部件自主生产仍难以满足市场需求。

第三节　基于产业政策导向的风险识别

目前，中国仍然是典型的发展中国家，产业结构、产业发展阶段与发达国家相比仍不尽合理，产业发展过程中存在粗放型、盲目性、无序性等问题较为突出，因此通过产业政策调控来引导行业健康发展十分必要。经过多年发展，中国产业政策体系已逐步完善，产业政策成为引导产业发展甚至是调控宏观经济的重要政策工具。产业政策对行业运行发展具有举足轻重的地位，对于行业信贷投放来说影响也十分重大。因此，产业政策导向是识别行业信用风险不可缺少的重要因素，这也是中国商业银行行业信用风险识别的显著特色。

一、宏观产业政策导向

宏观产业政策导向主要明确产业发展的总体布局思路和结构调整措施以及重点板块领域的发展思路。宏观产业政策导向体现在国民经济五年发展规划、年度政府工作报告以及重大行业领域发展导向等文件中。

（一）宏观产业政策导向有助于预判行业发展方向和发展前景

"十二五"发展规划提出了未来五年中国产业发展的总体思路。有关宏观产业政策导向包括：推进农业现代化建设，加快社会主义新农村建设；加快工业转型升级，提高产业核心竞争力；推动服务业大发展，提高服务业在国民经济中的比重和水平；促进区域协调发展和城镇化，不断提升城镇化的质量和水平；建设资源节约型、环境友好型社会，增强可持续发展能力；建立健全基本公共服务体系，完善就业、收入分配、社会保障、医疗卫生、住房等保障；发展文化事业和文化产业，推动文化大发展、大繁荣。

表3—5　"十二五"期间中国宏观产业政策导向

重点领域	指导思想	政策导向
农业	加快发展现代农业	增强粮食安全保障能力，推进农业结构战略性调整，加快农业科技创新，健全农业社会化服务体系
制造业	推进重点产业结构调整	推进重点产业结构调整，优化产业布局，加强企业技术改造，引导企业兼并重组，培育发展战略性新兴产业
服务业	加快发展生产性服务业大力发展生活性服务业	大力发展现代物流业，规范提升商务服务业，优化发展商贸服务业，积极发展旅游业，鼓励发展家庭服务业，全面发展体育事业和体育产业
城镇化	积极稳妥推进城镇化	构建城市化战略格局，稳步推进农业转移人口转为城镇居民，增强城镇综合承载能力
文化	繁荣发展文化事业和文化产业	大力发展公共博物馆、图书馆、文化馆等文化事业，加快发展文化创意、影视制作、出版发行、印刷复制、演艺娱乐等文化产业
民生领域	提升基本公共服务水平	完善基本医疗卫生制度，积极稳妥推进公立医院改革，支持中医药事业发展，提高住房保障水平，加大保障性住房供给

资料来源：《国民经济和社会发展第十二个五年规划纲要》，新华社2011年3月发布。

总的来看，产业政策导向中有关行业发展的扶持或限制政策，会显著影响到行业信用风险。通常来说对于产业政策导向扶持、鼓励、培育或发展的产业，国家将给予税收等各种形式的资源补助和倾斜，有利于促进行业发展和降低行业信用风险。对于政策导向限制、遏制、禁止或淘汰的产业，国家将通过行政手段提高行业经营成本，加大违规惩处力度，因此该类行业或相关企业发展空间十分有限，行业信用风险会显著增大。

（二）当前重点领域产业政策导向对行业运行和风险防范具有重大影响

当前，推进工业转型升级发展、培育和发展战略性新兴产业、大力化解产能过剩矛盾、加快淘汰落后产能、推动节能环保产业发展等政策要求，是中国宏观产业政策导向的重点内容；同时，对识别行业信用风险来说也具有重要影响。

1. 推进工业转型升级。工业转型升级的主要内容是，通过转变工业领域发展方式，保持工业平稳较快增长，将自主创新能力增强、企业技术改造加强、工业信息化水平提高、工业绿色低碳发展、质量和品牌战略、大中小企业协调发展、优化工业布局空间和提升对外开放层次作为转型升级的重点任务；并把先进装备制造业、原材料工业、消费品工业、电子信息产业、国防科技工业作为推进转型升级的重点领域①。转型升级有利于提高行业可持续发展和综合竞争力，长远来看有助于行业信用风险防控，但在短期内将面临结构调整、落后企业和落后技术淘汰等诸多阵痛甚至带来行业风险损失。

2. 培育和发展战略性新兴产业。现阶段我国将重点培育和发展节能环保等 7 个战略性新兴产业，并计划分"三步走"逐步实现产业发展目标，到 2020 年逐步将节能环保、生物、新一代信息技术、高端装备制造、新能源、新能源汽车、新材料产业等 7 大产业培育成为国民经济支柱产业和先导产业②。另外，国家政策还从科技创新、市场培育、财税金融以及体制机制等方面提出了培育和发展战略性新兴产业的政策保障措施。战略性新兴产业具有良好的长远发展前景，符合行业信贷支持方向，但其中一些子行业在发展初期存在一定的市场风险。

3. 大力化解产能过剩矛盾。近年来，国务院及有关主管部门高度关注产能过剩问题。2009 年，国务院 38 号文要求抑制钢铁、水泥、平板玻璃、煤化工、多晶硅、风电设备等 6 个行业产能过剩，同时提出造船行业过剩也较为突出。2011 年工信部等九部委下发通知要求遏制电解铝行业产能过剩。2013 年，国务院 41 号文提出钢铁等 5 大行业产能严重过剩③，其他一些行业也存在产能过剩的问题。上述产业政策从抑

---

① 参见《工业转型升级发展规划》，国务院 2011 年发布。
② 参见《关于加快培育和发展战略性新兴产业的决定》，国务院 2010 年发布。
③ 参见《关于化解产能严重过剩矛盾的指导意见》，国务院 2013 年发布。

制产能过快增长、强化环境监管、优化行业结构、加强违规问责等方面不断采取措施严控产能过剩。化解产能过剩矛盾在短期内将可能进一步增大产能过剩行业信用风险。

4. 加快淘汰落后产能。国务院明确将电力、钢铁、水泥、有色金属、焦炭、造纸、制革、印染等行业作为"十二五"时期重点淘汰落后产能的领域①；计划淘汰 5000 万千瓦小火电、7000 万吨炼铁、2.5 亿吨以上水泥、600 万吨铁合金、4000 万吨焦炭等落后生产能力。近年来，工信部会同国家发展改革委等部门制定《部分工业行业淘汰落后生产工艺装备和产品指导目录》，并按年度定期公布淘汰落后产能企业名单，如 2014 年提出了 19 个行业的落后产能淘汰任务。这些重点淘汰行业的落后产能企业，被淘汰出市场的概率较大，将给商业银行带来较大的信用风险。

二、产业政策和发展规划

行业具体的产业政策和发展规划，对于产业运行和管理来说可发挥直接作用，同时也是行业信用风险识别过程中应重点关注的内容。具体产业政策和发展规划通常包括行业面临形势和存在问题、产业发展指导思想和发展目标、产业发展准入要求、产业节能环保要求、产业结构调整和布局思路、产业发展重点任务、配套落实措施、政府部门分工等。其中，有关产业发展目标、产业准入、行业环保要求和结构调整等政策措施，对于分析行业信贷总体策略、目标信贷市场空间、行业信贷准入标准和行业信贷结构调整等具有重要的参考价值。

---

① 参见《国务院关于进一步加强淘汰落后产能工作的通知》，国务院 2010 年发布。

（一）产业发展目标有助于预判行业信贷空间

产业发展目标指未来一段产业规划时期内产业发展的预期设定目标，包括产业规模、产品结构、技术水平、安全保障等目标内容。产业规模目标会提出未来规划期内产业总量目标，据此可推断未来行业的发展速度，继而为判断行业发展前景提供依据；同时通过产业总量发展目标，可预测未来行业信贷融资需求，制订行业信贷总量计划。如《食品工业"十二五"规划》提出，到 2015 年总产值达到 12.3 万亿元，年均增长 15%，较 2010 年增长 100%，可见"十二五"时期食品工业规模仍将保持较快增长。在行业效益稳定的前提下，商业银行对食品工业信贷仍可适度保持稳定的信贷投放节奏。

（二）行业准入要求有助于设定行业信贷标准

近年来，国家为促进产业结构调整，防止低水平重复竞争，在产业政策中制定了大量的行业准入要求。行业准入的内容包括产能规模要求、装备工艺要求、节能环保要求、生产布局要求等。在开展行业风险分析时，必须考虑行业内融资客户是否满足产业政策规定的行业准入要求。在特定的情况下，满足行业准入要求，须是提供信贷融资的前提条件。达不到行业准入要求，不仅面临企业经营风险增大的信用风险，更可能面临金融机构违反产业政策的政策性风险。如 2014 年《焦化行业准入条件》要求，新建企业生产能力在 100 万吨/年以上，常规焦炉炭化室高度在 6 米以上、容积在 38.5 立方米以上。在 2014 年之后，对焦炭行业新建项目或新客户提供融资，必须满足这一准入要求。

（三）产业结构调整有助于制定行业信贷结构调整措施

中国产业政策一直将产业结构调整作为政策的重点内容之一。有关产业结构调整的内容包括提高产业集中度、完善产业组织结构、优化产业布局、淘汰低端落后产能等内容。通过产业结构调整政策分析，也可判断未来行业发展重点和方向；通过对产业结构与行业信贷结构进行比较分析，有助于判断行业信贷风险，并为开展行业信贷结构调整提供思路。如钢铁行业"十二五"规划要求，到 2015 年行业前十家企业产业集中度要由 2010 年的 48.6% 提高至 60%，并通过兼并重组等方式进一步减少钢铁企业的数量；在产业布局上，不得在环渤海、长三角地区新建任何钢铁项目和基地，适度推进南部沿海地区钢铁基地的建设，以解决"北钢南运"的问题；在产品结构上，重点发展运用高洁净冶炼技术、满足重大装备和重点产业需求的高档关键特殊钢产品，逐步淘汰热轧硅钢片等落后产品和装备。可见，产业结构调整对行业风险管理具有重要影响，不符合结构调整要求的信贷决策，将面临较大的行业信用风险。

（四）行业节能环保要求有助于防范行业环保信用风险

近年来，产业政策高度关注产业节能环保要求，特别是对于高污染、高能耗和高排放行业，政策逐步细化行业节能环保要求和标准。通常产业节能环保要求包括节能降耗要求、低排减排要求、副产品综合利用和循环利用等要求。节能降耗重点要求降低煤炭等化石能源以及水、电、气等资源的消耗，如《制糖行业"十二五"发展规划》要求，到 2015 年甘蔗糖每百吨糖料标准煤消耗低于 5 吨（2010 年实际水平为 5.31 吨）。低排减排要求主要是指降低废水、废气、废渣等重点污染物的排放，如《钢铁工业"十二五"发展规划》要求到 2015 年二氧化硫吨钢排放由 2010 年的 1.63 千克降低至 1 千克以下，制糖业要求化学需氧量（COD 排放）排放总量比 2010 年下降 10%。副产品综合利用要求对行业的副产品进行二次回收利用以减少资源浪费，如《粮食加工业发展规划（2011—2020 年）》要求，逐步提高米糠、稻壳、玉米胚等粮食副产物综合利用率，到 2020 年米糠的综合利用率由 2010 年的 20% 提高至 35%。循环利用要求对行业生产过程中产生的副产品或热能进行循环利用，避免直接排放，如焦炭行业要求建立循环水池利用设施，确保水资源循环利用率达到96%以上。可见，当前重点环境敏感行业的节能环保要求日益提高，是否达到行业节能环保标准是衡量行业信用风险的重要标准。

三、产业限定性规定

（一）产业限定性规定是行业信用风险防控不可逾越的红线

对于国家产业管理中的一些限定性（刚性）政策规定，商业银行在办理信贷业务时须严格遵守，并应将其纳入行业信贷政策管理中。对于产业限定性规定，商业银行原则上不得突破，对不合规业务应执行"一票否决制"，否则将可能面临重大风险损失，并造成银行声誉风险损失。如2004年江苏铁本钢铁有限公司违反钢铁行业项目建设程序，违规建设新增钢铁产能项目，在项目已开工建设的情况下被国家专项检查组叫停并依法取缔，中国银行等6家金融机构对其授信并发放贷款20多亿元，并最终形成风险融资；工商银行由于自2002年起制定了钢铁行业信贷政策，对项目合规性提出了明确要求，未对其提供任何信贷支持，从而规避了信贷风险。

（二）产业限定性规定包括行业准入、环保、投资管理、环评批复等限定性要求

产业政策有关准入、环保、工艺等要求在以上部分已详尽阐述，但需说明的是行业合规要求是指刚性的指令性的要求，不含指导性的要求。行业合规的另一项重要要求是行业内项目（企业）须经有关部门批准，项目（企业）环境影响评价报告是否经有权环保主管部门批复。项目批准包括审批、核准或备案三种方式，由国家、省市县按权限分层次实施；通常政府投资项目才需要采用审批制，不使用政府投资项目不再实行审批制，对于重大项目和限制类项目采用核准制，对其他项目一律采用备案制；同时在实施过程中禁止越权审批、上小批大、上大批

小、分拆审批。江苏铁本钢铁公司正是因为在实施过程中将项目化整为零、拆分为 22 个子项目并越权审批，违反了项目投资体制管理要求而并被勒令下马，造成了银行重大的贷款损失。项目环境影响评价报告也是合规性要求的必要要件，通常按照项目批复的层级，由对等环境主管部门审查批复。国家环保总局和银监会要求，对未通过环评批复的新建项目，不得提供任何形式的融资支持①；对违规提供融资支持的，将严肃追究有关机构和人员的责任。

　　总的来说，在当前我国经济发展背景下，由于我国产业政策的行政性特征较强，相对于国外商业银行和风险防控来说，产业政策对我国商业的行业信用风险影响更为强烈。需注意的是，在我国商业银行实践中，产业政策可作为行业信贷投放、风险防控和结构调整的重要参考，但行业信贷管理不能完全依赖产业政策。主要原因有：尽管我国产业政策总体执行效果良好，但部分产业政策在产业发展趋势判断上并不具备前瞻性，如 2009 年国务院出台的十大产业振兴规划中包括钢铁、有色、造船等众多过剩行业，在短期内发挥了良好的政策刺激效果，但从长远来看不利于产能过剩矛盾的化解；产业政策制定的牵头部门存在交叉，产业政策覆盖范围和政策内容存在重叠甚至冲突，如在农产品加工领域政策制定部门包括发展改革委、国家粮食局、工信部和农业部等众多部门；同时，由于我国产业发展速度相对较快，产业政策标准和措施的波动性较大，个别行业如焦炭等产业准入标准大幅提高；另外，部分产业政策内容过于刚性和细化，在实践中可操作性也有待商榷。

---

① 参见《关于落实环保政策法规防范信贷风险的意见》，国家环境保护总局 2007 年发布。

第四节　基于行业财务状况的风险识别

行业财务状况是反映行业经济运行状况较为客观量化的分析因素。行业财务状况的优劣能直接体现行业运营状况的好坏，继而甄别和判断行业信用风险的大小。同时，由于财务指标众多复杂，须筛选有效的能够反映行业信用风险状况的核心指标。基于行业财务状况识别行业信用风险，既要对行业财务运行状况进行总量分析，也要进行效率分析，既要分析盈利能力，也要分析偿债能力；同时，对于不同行业识别行业信用风险的财务指标也会有所差异。

一、行业发展能力指标

行业发展能力指标主要是在行业总量指标的基础上，根据行业历史发展状况来判断行业发展速度、发展潜力和发展前景。

（一）产业发展规模可用于研判行业信贷市场和融资总量需求

产业发展规模主要包括行业资产总额、负债总额和销售收入等行业总量指标。总量指标通过分析产业规模及其变动情况，可研判行业融资需求，合理确定行业融资总量，防范行业系统性风险。

资产总额包括行业总资产或净资产，用于判断行业规模大小及其在国民经济结构中的地位，通常资产规模越大的行业，产业地位相对较高，也是信贷拓展和风险关注的重点行业。如中国汽车制造业产业增加值约占 GDP 的 1.5%，2014 年汽车行业资产总额达 5.21 万亿元，同期工商银行汽车行业贷款超过 600 亿元。可见，汽车行业既是国民经济的重要支柱产业，也是商业银行的重点信贷行业。

负债总额用于判断行业的负债总量，通过负债总额更能直接判断行业的融资总量和信贷价值，同时还可合理分析潜在可拓展的信贷市场空间。2014 年中国汽车行业负债总额达 2.95 万亿元。通过负债分析，工商银行汽车行业贷款约占汽车行业负债总额的 2%，低于工商银行贷款占银行业贷款总量的比重（10% 左右），因此，可初步判断工商银行汽车行业信贷市场仍有进一步拓展的空间。

企业数量和销售收入也是判断行业信贷客户基础和市场总量的重要指标。2014 年汽车行业规模以上企业数量 12407 户，实现销售收入达 6.67 万亿元。企业数量众多，则说明客户拓展空间广阔；销售收入越大，则说明交易量越大，流动资金周转及贸易融资需求较大。

（二）行业发展速度与行业信用风险呈负相关关系

产业发展速度指标主要包括资产增速、负债增速及销售收入增速等。其中，销售收入增速是当前反映产业发展速度的最有效指标。销售收入增速越快说明行业市场销售状况越好，行业发展态势向好，信用风险则会相应降低；销售收入增速下降越快，说明行业市场需求萎缩，信用风险需密切关注。在分析销售收入增速时，需考虑我国的国情。作为发展中国家，中国经济增速尽管放缓，但 2014 年 GDP 增速仍高达 7.4%，远高于全球 GDP 增速；工业企业累计实现主营业务收入 102.9 万亿元，较上年增速 11.2%。比如，常用有色金属冶炼行业 2014 年销售收入增速为 8.05%，在发达国家已属于高速增长，但在中国则明显低于工业平均销售增速，反映行业景气下行的发展趋势；另如机械工业 2014 年销售收入增速 9.4%，但较"十一五"期间年均 30% 以上的增速相比，也出现了大幅回落。

因此，在对销售收入增速等发展能力指标分析时，可进行行业比较分析，来判断行业相对的增长性。行业相对增长性可采用行业扩张系数进行分析。行业扩张系数 = 该行业年销售收入（或产值）增长率/本年度 GDP（或工业总产值）增长率。当扩张系数大于 1 时，表明行业发展态势良好，风险相对较低；当扩张系数小于 1 时，表明行业发展态势一般，风险可能趋于上升。

（三）行业发展的稳定性与行业信用风险密切相关

在观察行业发展潜力时，还需分析发展的稳定性来判断行业信用风险。具体可根据近年来行业销售收入数据，运用行业波动系数指标来进行衡量。X_i 表示 i 年行业销售收入，$\bar{x}$ 表示观察期行业平均销售收入。行业波动系数表示该行业销售收入变化相对于行业平均销售收入的变动程度。波动系数的值越大，说明该行业经营状况稳定性较差，行业信贷风险也越大。

$$行业波动系数 = \frac{\sqrt{\dfrac{1}{n}\sum_{i=1}^{n}(x_i - \bar{x})^2}}{\bar{x}}$$

表 3—6：行业扩张系数、波动系数与行业风险的关系[1]

行业风险状况	扩张系数	波动系数
高风险	X< 0	Y> 2.0
中高风险	0 < X< 0.8	1.2 < Y< 2.0
中等风险	0.8 < X< 1.2	0.8 < Y< 1.2
中低风险	1.2 < X< 2.0	0.5 < Y< 0.8
低风险	X> 2.0	0 < Y< 0.5

资料来源：《石油行业细分与研究》。

二、行业盈利能力指标

（一）行业盈利能力与行业信用风险呈负相关关系

行业盈利能力反映行业经营效益，对行业偿债能力具有直接影响，

---

[1]　引自《石油行业细分与研究》，http：//www. docin. com/p – 613051794. html。

是识别行业信用风险的重要因素。通常行业整体盈利能力较强，则说明行业整体信用风险可控，行业盈利能力较差或恶化的话，则反映行业信用风险较大或急剧扩大。行业经营效益主要通过行业盈利能力指标来体现。反映行业盈利能力的指标主要有：利润总额、净利润、销售利润率、净资产收益率、亏损额和企业亏损面等。利润总额和净利润是反映行业整体绝对盈利水平的指标，需要与前后年度的利润总额或净利润进行比较（利润增长率）才能得出可靠分析结论。如煤炭行业 2014 年利润总额 1268.5 亿元，在 41 个工业大类中排名第 19 位，利润总额较上年下降 – 46.2%，销售利润率 4.22%，较上年下降 3.09%；尽管利润总额绝对值较大，但行业盈利能力显著下滑，信用风险较为突出。

（二）销售利润率与亏损面等盈利性指标能有效识别行业信用风险

销售利润率和净资产收益率是反映行业销售收入和净资产收益水平的指标。销售利润率在分析行业盈利能力时最为广泛运用，相对于利润总额的绝对值，更具有相对的可比性，能够直接反映行业盈利能力的强弱。如石油和天然气开采业 2014 年利润总额 3162 亿元，尽管较上年下降 13.7%，但其销售利润率高达 27.36%，居 41 个工业大类的首位，说明行业利润总额虽有所下降，但盈利能力依然较强，行业整体信用风险较低。

亏损面是指行业内亏损企业数量与全部企业数量的比值。亏损面越大，说明行业内陷入经营困境的企业越多，行业系统性风险则会增大。如 2012 年我国采矿业企业亏损面为 13.29%，到 2014 年亏损面上升至 19.83%；总体上反映了近年来采矿业亏损面进一步扩大，行业系统性风险增大，这也与商业银行贷款风险状况基本相符。如 2014 年末工、农、中、建行采矿业不良率分别为 0.6%、0.8%、0.55% 和 1.66%，较 2012 年末分别上升 0.4、0.62、0.43 和 1.43 个百分点。

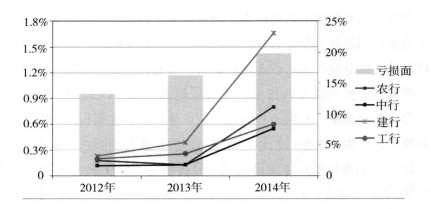

图3—3　2012—2014 年采矿业亏损面和工、农、中、建行采矿业不良贷款率情况

数据来源：Wind 资讯行业经济效益数据库和工、农、中、建行 2012—2014 年报。

三、行业偿债能力指标

偿债能力体现行业整体偿还银行贷款义务的能力，偿债能力大小对于判断行业信用风险、制定融资风险总量具有重要影响。通常偿债能力指标包括资产负债率、流动比率和速动比率、利息保障倍数等。

（一）资产负债率用于识别行业长期偿债能力和信用风险

资产负债率主要体现行业的长期偿债能力，反映净资产对贷款的保障能力，通常负债率越高则偿债能力趋弱。值得关注的是，在分析资产负债率时，需考虑行业的特征属性，如我国基础设施领域由于国有经营、重资产属性、融资依赖大及投资回报周期长等因素影响，资产负债率普遍偏高，如 2014 年末中国电力生产行业资产负债率达 67.95%；由于煤价下行，电力行业经营效益上升，资产负债率较 2013 年下降 2.77个百分点；尽管资产负债率偏高，但行业信用风险相对可控。

（二）流动速动比率用于识别行业短期偿债能力和信用风险

流动比率和速动比率是反映行业短期偿债能力的重要指标，体现行业短期资产偿还短期负债的能力。对融资结构以短期流动资金贷款或贸易融资为主的行业，该指标更具有参考价值。对于流动比和速动比偏低的行业，将面临较大的短期偿债压力，原则上商业银行应不再对其增加短期贷款。利息保障倍数主要是反映行业可支配利润支付贷款利息的能力，又称已获利息倍数，指行业息税前利润（EBIT）与利息费用之比。行业利息保障倍数越大，说明还本付息能力越强，贷款的安全程度越高，行业信用风险将会降低。

除了以上指标外，行业营运能力等一些其他的财务指标对行业信用风险分析也具有重要参考意义。如行业营运能力指标，包括总资产周转率、流动资产周转率、应收账款周转率等，用于反映行业资金周转能力或资产管理效率。应收账款增速用于反映行业与下游客户之间的议价能力。产品销售成本与销售费用、管理费用、财务费用及其增速，用于分析行业成本控制及管理能力。人均销售率用于反映行业人均产值及生产效率等。

总体来看，财务指标分析是判断行业信用风险的重要定量分析方法。考虑到财务指标的复杂性和相关性，因此在实际分析过程中，需注意以下几点：一是由于财务指标及其衍生指标众多，需根据对行业信用风险的重要性和相关性原则，选择合理重点的指标进行分析。二是在定量分析行业信用风险的财务指标影响时，需考虑指标之间的相关性，比如总资产周转率和流动资产周转率之间具有强烈的相关性。三是要考虑到行业财务指标数据的可得性，一些重要指标如行业总贷款占负债比重等对识别风险较为重要，但在操作中数据很难获得。

四、行业财务指标的实证检验

根据以上行业财务风险因素的分析，本书选取轻工业领域46个子行业，根据2012—2014年（3年）的面板数据（panel data），就行业财务状况对行业信用风险的影响进行实证检验。

（一）样本选取

1. 行业选取。本书选取了农副食品加工业（C13）、食品制造业（C14）、酒、饮料和精制茶制造业（C15）、纺织业（C17）、纺织服装、服饰业（C18）、皮革、毛皮、羽毛及其制品和制鞋业（C19）、木材加工和木、竹、藤、棕、草制品业（C20）、家具制造业（C21）和造纸和纸制品业（C22）等轻工业领域9个重点行业大类下属的46个行业中类进行实证分析。

选取轻工行业的主要原因有：一是轻工业是国民经济支柱产业，产业规模较大，客户群体众多，具有一定的行业代表性；二是轻工业属于市场充分竞争行业，受产业政策的限定性因素影响相对较少，且轻工业区别于电信、石化等垄断行业，行业风险状况能通过行业运行情况充分体现。

表3—7：样本行业名称及代码

行业代码	行业大类（9个）	行业中类（46个）
C13	农副食品加工业（8个行业中类）	谷物磨制（C131）、饲料加工（C132）、植物油加工（C133）、制糖业（C134）、屠宰及肉类加工（C135）、水产品加工（C136）、蔬菜、水果和坚果加工（C137）、其他农副食品加工（C139）
C14	食品制造业（7个）	焙烤食品制造（C141）、糖果、巧克力及蜜饯制造（C142）、方便食品制造（C143）、乳制品制造（C144）、罐头食品制造（C145）、调味品、发酵制品制造（C146）、其他食品制造（C149）
C15	酒、饮料和精制茶制造业（3个）	酒的制造（C151）、饮料制造（C152）、精制茶加工（C153）

续表

行业代码	行业大类（9个）	行业中类（46个）
C17	纺织业（8个）	棉纺织及印染精加工（C171）、毛纺织及染整精加工（C172）、麻纺织及染整精加工（C173）、丝绸纺织及印染精加工（C174）、化纤织造及印染精加工（C175）、针织或钩针编织物及其制品制造（C176）、家用纺织制成品制造（C177）、非家用纺织制成品制造（C178）、
C18	纺织服装、服饰业（3个）	机织服装制造（C181）、针织或钩针编织服装制造（C182）、服饰制造（C183）
C19	皮革、毛皮、羽毛及其制品和制鞋业（5个）	皮革鞣制加工（C191）、皮革制品制造（C192）、毛皮鞣制及制品加工（C193）、羽毛（绒）加工及制品制造（C194）、制鞋业（C195）
C20	木材加工和木、竹、藤、棕、草制品业（4个）	木材加工（C201）、人造板制造（C202）、木制品制造（C203）、竹、藤、棕、草等制品制造（C204）
C21	家具制造业（5个）	木质家具制造（C211）、竹、藤家具制造（C212）、金属家具制造（C213）、塑料家具制造（C214）、其他家具制造（C219）
C22	造纸和纸制品业（3个）	纸浆制造（C221）、造纸（C222）、纸制品制造（C223）

资料来源：根据《国民经济行业分类与注释》整理。

2. 时间选取。本书选取 46 个子行业 2012—2014 年共 3 年度的面板数据。前文已述，由于四万亿投资期间（2008—2010 年）的信贷扩张因素影响，2011 年之前商业银行相关行业信贷质量均大幅提升，有关行业信用风险数据与真实状况存在一定差距。因此，本书选择 2012 年及以来相关行业信贷及财务运行数据。

3. 数据来源。2012—2014 年相关行业财务运行数据来源于 Wind 资讯行业经济效益数据库;相关行业信贷质量数据来源于某商业银行行业信贷数据。

(二)建立模型

1. 基本模型。面板数据分析基本模型如下:

$$y_{it} = \alpha_i + \sum \beta x_{it} + v_{it}$$

其中,y 为被解释变量,代表行业信贷质量。x 为解释变量,代表行业相关财务指标;i = C131,C132,…,C223,代表 46 个行业中类;t = 2012,2013,2014,代表时间跨度。

2. 指标选择。参照前文分析,选择在行业发展能力、行业盈利能力、行业偿债能力及行业营运能力等相关解释变量指标。

在行业发展能力方面,选择销售收入增长速度(S)指标。在行业盈利能力方面,选择销售利润率(R)指标。在行业偿债能力方面,选择资产负债率(D)指标。在行业营运能力方面,可选择总资产周转率(T)和流动资产周转率(L)指标;但考虑到总资产周转率和流动资产周转率之间具有强烈的共线性关系,且轻工业贷款以流动资金贷款为主,流动资产周转率更能反映行业的短期偿债能力,因此选取流动资产周转率(L)指标。考虑到数据间的差异(流动资产周转率均值大于1),因此对 L 指标进行对数化。即:LNL = log(L)。

3. 建立模型。根据被解释变量指标的选择,本书采用两种指标方法代表被解释变量行业信贷质量,并进行对比分析。

(1)模型一:以行业关注及不良贷款率(NPL)代表行业信贷质量。关注及不良贷款率指某行业关注类贷款和不良贷款之和占行业贷款总量的比重。之所以选择行业关注及不良贷款率指标,而放弃行业不良贷款率指标,主要原因是单一商业银行行业中类不良率受行业规模、贷款规模及贷款核销等因素影响,波动较大;而关注及不良贷款率相对较为稳定，同时也能客观反映行业信贷质量。具体模型如下。

$$NPL_{it} = \alpha_i + \beta_1 S_{it} + \beta_2 R_{it} + \beta_3 D_{it} + \beta_4 LNL_{it} + v_{it}$$

（2）模型二：以行业亏损面（Loss）代表行业信贷质量。行业亏损面是指行业中亏损企业占全部企业的比重，能够较为全面地反映行业整体的运行风险情况。由于缺乏商业银行整体的行业信贷数据，且部分商业银行样本数据有限或存在数据质量问题，因此，可考虑以行业亏损面来代表行业整体信用风险状况。具体模型如下。

$$Loss_{it} = \alpha_i + \beta_1 S_{it} + \beta_2 R_{it} + \beta_3 D_{it} + \beta_4 LNL_{it} + v_{it}$$

根据前文分析，理论上销售收入增长速度（S）、销售利润率（R）、流动资产周转率（L）指标与行业信用风险状况均呈负相关关系；而资产负债率（D）与行业信用风险状况呈正相关关系。

（三）模型检验

本书采用 Eviews7.2 软件 Pool Estimation 进行面板数据分析。根据随机效应模型，分别对以上两模型进行估计，并进行 Huasman 检验。Huasman 检验结果显示，模型一检验统计量 19.62，伴随概率为0.0006；模型二检验统计量 45.20，伴随概率为 0。因此，拒绝固定效应模型与随机效应模型不存在系统差异的原假设，对模型一和模型二分别建立固定效应模型。模型分析结果如下所示。

表3—8：模型一和模型二固定效应模型参数估计结果

模型	变量	估计值	标准差	t 值	p 值
模型一 （NPL）	C	0.406	0.151	2.698	0.008
	S	−0.284	0.071	−3.996	0
	R	−0.118	0.632	−0.187	0.852
	D	−0.232	0.196	−1.180	0.241
	LNL	−0.158	0.057	−2.764	0.007

续表

模型	变量	估计值	标准差	t 值	p 值
模型二 （Loss）	C	0.276	0.058	4.760	0
	S	−0.054	0.019	−2.780	0.006
	R	−2.503	0.186	−13.459	0
	D	0.106	0.073	1.448	0.150
	LNL	−0.055	0.023	−2.447	0.016

数据来源：根据 Eviews 软件计量得出。

1. 模型一：被解释变量为行业关注及不良贷款率（NPL）。从检验结果来看，模型一检验效果能反映多数行业财务指标的风险因素，但整体效果一般。销售收入增长速度（S）、销售利润率（R）、流动资产周转率（L）指标系数估计值与理论分析一致。而资产负债率（D）指标系数估计值为负，与理论分析状况不符，主要原因可能：一是部分行业如植物油加工行业贷款质量较好，但该行业的经营特征决定了其资产负债率通常偏高（约70%），二是由于样本数据有限，某一家商业银行的行业关注不良率数据在反映行业整体风险水平方面存在一定的局限性。

2. 模型二：被解释变量为行业亏损面（Loss）。从检验结果来看，模型二检验效果较好。销售收入增长速度（S）、销售利润率（R）、流动资产周转率（L）和资产负债率（D）系数估计值与理论分析均一致。各指标的显著性效果较好。

（四）检验结果分析

1. 对轻工业来说，模型二检验结果明显优于模型一。主要原因是行业亏损率指标以行业全部企业为样本计算得出，相对来说更能够代表行业整体风险水平；而单一商业银行的关注及不良率情况，受客户数量及信贷规模等样本数据局限、单一客户大额不良及核销以及信贷数据质量等因素影响，难以反映全部行业的整体风险状况。

2. 对轻工业来说，销售增长率和流动资产周转率指标能够显著反映行业信用风险水平。两个模型均得出一致结论，且指标显著性水平较高。从实际情况来看，目前，中国 GDP 仍保持中高速增长的区间，多数行业仍需通过中高速增长以维持行业正常运行，部分制造业行业生产设备一但停产或限产，将可能造成生产设备损坏、现金流紧张、资金链断裂、员工失业等重大损失和风险事件；因此，在一定程度上销售增长率比销售利润率更能反映行业风险水平。

3. 受国家有关政策（如财政及货币政策刺激计划）以及中国商业银行经营周期局限性的影响，当前部分商业银行数据积累和数据质量情况在一定程度上难以满足银行内部行业信用风险识别的要求。

第四章

行业信用风险评级与限额

行业信用风险评级和行业信用风险限额是行业信用风险度量的主要内容，是实施行业信用风险管理和控制的重要依据。行业信用风险度量主要是基于行业信用风险识别中的影响因素，通过定量计算方法并结合定性调整因素，确定行业信用风险的程度及风险容忍总量。本章主要根据信用风险评级和风险集中度度量的理论方法，提出了中国商业银行行业风险评级和行业风险限额的理论模型和度量方法；同时结合中国商业银行的实际情况，就部分行业风险评级和行业限额进行实证分析。

第一节　行业信用风险评级模型

行业信用风险评级是指对受评行业履行契约的能力和意愿的综合评价。行业评级的结果反映了某一时期行业信用风险的综合水平，或在不同时期信用风险水平的变化状况。行业评级有利于加强组合信用风险管理，准确反映行业因素对信用风险的综合性影响。行业评级结果可作为行业内的法人客户信用评级的一个重要调整因素，并为行业信贷政策制定、行业信贷限额设定，以及经济资源在各行业的分配提供量化参考依据。

一、行业信用风险评级模型思路

行业信用风险评级的核心是充分揭示和预警行业风险，以行业风险分析与评级技术为支撑，对影响未来偿付能力的各种因素进行系统、深入的分析，并将结果用简洁的符号表示。本书根据上一章有关行业信用风险的影响因素，结合中国主要商业银行行业评级的实践，提出了有针对性的行业风险评级参考模型。

关于行业评级的基本思路和路径是：首先，对行业风险因素进行综合评价，得出行业综合评价得分。行业信用风险综合评价可由定量评价和定性评价两部分组成。根据前文关于行业信用风险影响因素的识别，定量评价主要基于行业财务状况得出，定性评价主要基于宏观经济环境、行业发展特征和产业政策导向等方面进行判断。其次，根据行业综合评价得分，按照商业银行精细化管理的需要，映射行业风险评级的初步结果。最后，根据行业风险管理的实际情况，结合专家经验、行业贷款质量等评级调整因素，对行业综合评价得分进行调整，最终确定行业评级结果。

二、行业信用风险综合评价模型

行业综合评价得分由定量评价得分和定性评价得分通过加权计算的方式得出。通过线性插值法，设置行业综合评价得分满分设定为100分，得分区间范围为0—100分；综合评价得分越高，行业风险系数越低，行业评级结果越高。

（一）行业定量评价得分

行业定量评价得分可根据影响行业信用风险的定量评价指标计算得出。行业定量评价指标主要依据行业财务指标确定，其原因：一是行业财务指标数据相对较易获得，二是各种行业风险因素基本能通过行业财务运行质量和效益等状况体现。行业定量评价指标主要包括行业偿债能力、行业财务效益、行业资产营运和行业发展能力等四个方面。

　　行业定量评价的指标选取及其权重设定可采用主成分分析法得出。指标选取原则为指标之间相关性较低、信息提取比例较高，并且指标与主成分的关系较为密切。指标权重的设定综合考虑了主成分解释能力的大小，以及各指标与主成分之间关系的密切程度。在偿债能力、财务效益、资产营运和发展能力等四个方面，参考指标及参考权重可见下表。

表4—1　行业定量评价参考指标及参考权重（例）

指标大类	定量参考指标	评价得分方向	参考权重
偿债能力	资产负债率（%）	反向	15%
	已获利息倍数	正向	10%
财务效益	主营业务利润率（%）	正向	15%
	总资产报酬率（%）	正向	10%
资产营运	资产周转率增长率（%）	正向	15%
	应收账款周转率（%）	正向	10%
发展能力	销售增长率均值（%）	正向	15%
	资本平均增长率均值（%）	正向	10%
合计			100%

　　资料来源：根据定量评价思路整理，参考指标和权重根据风险影响因素及其程度设定。

　　定量评价得分的计算分为三个步骤：定量指标标准化、计算各行业主成分得分，以及利用统计分布和线性插值法将主成分得分转化为各行业定量评价得分。

1. 定量指标标准化。通过 z – score 标准化法①，对定量指标进行标准化换算，以确保定量指标在统计分析时具备相对可比性。具体如下：

（1）正向指标标准化公式：指标标准化值 =（指标值 – 各行业该指标值均值）/各行业该指标值标准差。

（2）反向指标标准化公式：指标标准化值 =（各行业该指标值均值 – 指标值）/各行业该指标值标准差。

2. 计算各行业主成分得分。根据各个指标标准化值及相应权重，通过加权法计算各行业主成分得分。

行业主成分得分 = Σ 该行业各指标标准化值 * 相应权重。

3. 计算定量评价得分。对各行业主成分得分采用 Percentile 分布法确定标准值，并采用线性插值法计算定量评价得分。通过线性插值法的主要目的是，设置定量评价得分区间在 0—100 之间。

（二）行业定性评价得分

定性评价指标主要包括宏观经济周期、行业发展特征和产业政策导向等方面。按照具备客观性、前瞻性和可操作性的指标选择原则，定性评价指标可包括竞争状况、国家政策支持力度、行业壁垒、环保问题等方面。权重设定方法为层次分析法。具体指标及参考权重可见下表：

---

① Z – score 标准化法基于原始数据的均值（mean）和标准差（standard deviation）进行数据的标准化；z =（x – μ）/σ。经过处理的数据符合标准正态分布，即均值为 0，标准差为 1。

表4—2 行业定性评价指标及参考权重（例）

行业风险因素	定性评价一级参考指标	参考权重
宏观经济环境	受宏观经济影响的程度	10%
	通货膨胀风险	8%
	汇率风险	4%
	资本密集程度	6%
行业发展特征	竞争情况	12%
	行业壁垒	10%
	产品/服务的价格风险	10%
	环保问题	10%
	行业发展阶段	10%
产业政策导向	国家政策支持力度	20%
合计		100%

资料来源：根据定性评价思路整理，参考指标和权重根据风险影响因素及其程度设定。

定性评价得分的计算分为计算各行业一级定性评价指标得分和计算各行业最终定性评价指标两个步骤。

1. 计算一级定性评价指标得分。（以一级指标"竞争情况"为例）

（1）确定各一级指标的影响因素。即确定各一级指标所包含的二级指标。以行业"竞争情况"因素为例，根据波特"五力"因素并结合专家意见，确定新进入者的威胁、潜在替代产品的威胁、直接竞争对手的数量、固定成本、行业增长速度等五个影响因素为二级指标。（详见表4—3）

（2）计算二级指标累计得分。首先进行二级指标得分设计，如行业"新进入者的威胁"较高，给予该二级指标 –1 分，威胁较低，给予 1 分。然后累计二级指标综合得分（得分分布在 –5 分和 5 分之间）。

（3）计算一级定性评价指标得分。各行业的一级定性评价指标采用对照表法计算得分，即确保一级指标得分区间在 0—100 之间。如二级指标累计得分为 5 分，则认为该行业竞争度极低，给予该一级指标满分 100 分。

表4—3　一级指标、二级指标得分对照表

一级指标	二级指标	选项	二级指标参考得分	一级指标参考得分
竞争情况	新进入者的威胁	高	−1	（1）−5 至 −4 得 0 分； （2）−3 至 −2 得 25 分； （3）−1 至 +1 得 50 分； （4）2 至 3 得 75 分； （5）4 至 5 得 100 分。
		中	0	
		低	1	
	潜在替代产品的威胁	高	−1	
		中	0	
		低	1	
	直接竞争对手的数量	多	−1	
		中	0	
		少	1	
	固定成本	高	−1	
		中	0	
		低	1	
	行业增长速度	低	−1	
		中	0	
		高	1	

资料来源：根据竞争情况影响因素整理，参考得分根据对照关系设定。

2. 计算行业定性评价得分。行业定性评价得分根据各一级定性评价指标得分，通过加权计算法得到。

行业定性评价得分 ＝ Σ 该行业各一级定性评价指标得分 ＊ 相应

权重。

（三）行业综合评价得分

根据以上模型计算的定量评价得分和定性评价得分，通过加权计算的方式得出行业综合评价得分。在权重设置上，考虑到定量指标的客观性，应以定量评价因素为主。例如定量评价和定性评价权重可分别按60%和40%设置。

行业综合评价得分 = 行业定量评价指标得分 * 定量评价权重 + 行业定性评价指标得分 * 定性评价权重。

三、行业信用风险评级结果

行业评级结果是对其市场成熟度、内部竞争、抗冲击性以及发展前景等风险因素的综合反映。行业评级结果根据其与行业综合评价得分的对应关系确定。商业银行可根据管理需要，对行业评级结果进行划分，既可进行详细划分，也可进行简要划分。若详细划分，可将行业评级结果（IR，Industry Rating）划分为若干个级别，如级别 IR1 – IR11。

表4—4　行业评级与行业综合评价得分对应表（例）

行业综合评价得分	行业评级参考结果	行业信贷定位
92（含）—100 分	IR1	积极进入类
84（含）—92 分	IR2	适度进入类
76（含）—84 分	IR3	
68（含）—76 分	IR4	谨慎进入类
60（含）—68 分	IR5	
52（含）—60 分	IR6	

续表

行业综合评价得分	行业评级参考结果	行业信贷定位
44（含）—52 分	IR7	限制进入类
36（含）—44 分	IR8	
28（含）—36 分	IR9	
20（含）—28 分	IR10	
0（含）—20 分	IR11	禁止进入类

资料来源：根据商业银行行业评级的实践情况设定。

根据行业评级结果，商业银行可在行业信贷管理中予以应用。最好的应用方式是将行业评级结果与行业信贷总体策略相对应。如对于行业评级 IR1 级行业，属于行业信用风险程度最低的行业，市场成熟稳定，预期不会产生过度生产、产品折扣和过度竞争，基本不受经济和科技革新的冲击，具有很高的可预期增长趋势，可作为商业银行信贷积极进入类行业，进一步放宽客户选择范围和加大行业信贷资源配置。对于 IR7－IR10 级行业（行业综合评价得分在 20—52 分间），行业信用风险相对较大，可作为商业银行信贷限制进入类行业，要严格客户信贷准入标准和进一步加强信贷总量控制。对于行业综合评价得分在 20 分以下的 IR11 级行业，行业信用风险相对极大，预期出现大量的信贷风险和资产核销损失，可作为商业银行信贷禁止进入类行业，原则上对该行业不得新增融资，其存量融资要加大压降力度。

四、行业信用风险评级结果调整

（一）根据产业规模和发展速度进行调整

中国作为发展中国家，尽管当前经济增速和产业发展速度放缓，但产业增速的绝对值依然较高，工业等多数领域的产业增速依然保持在两位数以上的增长。可以说，产业增速是中国行业发展状况的重要主成分指标；上一章实证检验也说明了产业发展速度对行业信用风险的显著影响。同时，行业总产值是衡量行业综合地位的重要指标，也是反映商业银行行业信贷市场空间的重要指标。因此，可考虑根据行业总产量和产值增速作为定性调整因素，对行业评级结果进行修订。如对行业产值排名和产值增速排名均居于前25%的行业，可考虑对其行业评级结果上调2级。

表4—5　基于行业总产值和产业增速的行业评级结果调整表

调整因素	行业总产值增长速度排名前25%	行业总产值增长速度排名中间50%	行业总产值增长速度排名后25%
行业总产值排名居前25%	上调2级	上调1级	上调0级
行业总产值排名中间50%	上调1级	上调0级	下调1级
行业总产值排名居后25%	上调0级	上调0级	下调2级

资料来源：根据行业评级调整因素情况整理。

（二）根据行业信贷质量进行调整

行业不良贷款是行业信用风险最终形成损失的重要体现，因此通过不良贷款及不良贷款率等行业信贷质量情况可直接反映行业信用风险的大小。可见，行业信贷质量可作为有效的定性调整因素，来完善行业评级结果的认定。关于行业信贷质量的调整情况，在实践中可采取两种方式。一是，按照行业贷款不良率的绝对值进行调整，对不良率较高的行业，应考虑下调行业评级结果，如行业贷款不良率的排名为倒数前3位的行业，可考虑下调2级。二是，根据行业贷款不良率的改善情况进行调整，对不良率降低较快的行业，可考虑上调行业评级结果，如行业贷款不良率下降幅度最大的排名前 3 位的行业，可考虑上调 2 级。

（三）季度或半年度调整

在实践中，行业评级可每年集中实施一次年度评级，但是为了提高评级结果的时效性，并防范重大突发风险因素的影响，在评级年度期间内可关注相关行业的风险变化情况，按季度（或半年度）对行业年度评级结果进行调整和修订。行业评级季度调整可选择主成分指标，运用各行业季度指标数据与上年同期相比的变化情况，计算季度调整得分，并根据季度调整得分的分布情况，对行业年度评级结果进行修正。

第二节　行业信用风险限额模型

行业信用风险限额是以行业风险评级、行业违约率等量化风险指标为基础，以《巴塞尔新资本协议》经济资本理论或现代商业银行资产组合理论等为指导，根据风险和收益相匹配的原则确定商业银行在各信贷行业可接受的信用风险敞口上限，即可接受的违约风险暴露上限。行业限额的管理是指商业银行对行业风险限额进行分配、监测、预警和控制的自上而下的全过程动态管理，是商业银行实施全面风险管理的重要内容。

一、行业信用风险限额模型思路

本部分提出的行业限额理论模型，主要依据《巴塞尔新资本协议》有关资本管理的思路，在具有资本约束的前提下，按照行业信贷占用经济资本收益最大化原则，确定具体行业限额。因此，行业限额的确定不仅取决于行业自身的偿债能力及风险水平，还受限于可分配至该行业的经济资本规模，需综合考虑风险收益及资本约束。即是根据经济资本原理，以风险收益最大化为目标，综合各项优化约束因素，通过数学规划方法做优化测算，最终核定具体行业信用风险限额。

（一）按照风险收益最大化原则确定经济资本占用

内部评级法通过计算经济资本调节系数来确定经济资本占用和风险加权资产。《巴塞尔新资本协议》要求银行开展内部评级法计算资本充足率。目前，我国大型商业银行已基本具备实施内部评级高级法要求。

$$RWA = EC/8\% = k * 12.5 * EAD$$

$$EC = EAD * k$$

其中，RWA 为风险加权资产，EC 为经济资本，EAD 为风险敞口；k 为经济资本调节系数，由商业银行根据内部评级法要求，在计算违约概率（PD）、违约损失率（LGD）、期限（M）、相关性（R）等风险要素后，通过给定公式计算得出。

行业限额模型的要点即按照风险收益最大化原则，求解具体行业 i 所能分配得到的经济资本 ECi。

（二）根据经济资本占用计算行业新增限额

商业银行公司贷款经济资本占用由各行业经济资本占用组成。

$EC = \Sigma EC_i$，EC_i 为 i 行业的经济资本占用。

通过行业经济资本占用，可得出行业信用风险敞口。

$EAD_i = EC_i/k$，EAD_i 为 i 行业风险敞口。

因此，通过对 i 行业按年度分配合理的新增经济资本，可得出 i 行业可容忍的新增风险敞口，即 i 行业的行业限额。

$$\triangle EAD_i = \triangle EC_i/k$$

其中，$\triangle EC_i$ 为商业银行未来一年度 i 行业分配的新增经济资本，$\triangle EAD_i$ 为 i 行业未来一年新增风险敞口（行业限额）。

二、行业信用风险限额理论模型

商业银行行业限额确定必须要实现信贷收益最大化原则，且必须是经风险调整后的收益最大化。按照内部评级法精神，经风险调整后的资本收益率（RAROC）是反映经风险调整后收益的最优指标。RAROC 既反映了风险又反映了收益，表示资金的使用效率，在同等经济资本规模的约束下，有利于提高绩效。

$RAROC = RAR/EC$，RAR 为风险调整收益（Risk – Adjusted Return）。

$RAR = RAROC * EC$

因此，行业限额确定的基本思路是，在新增经济资本约束的前提下，设定各行业合理的经济资本增长速度，以实现商业银行各行业风险调整后的收益（RAR）最大化。具体限额设定步骤如下。

（一）模型参数

1. 经济资本整体增量（△EC）。经济资本是商业银行宝贵的资源，也是当前我国商业信贷业务快速扩张和发展的重要约束。在确定行业限额时，必须考虑未来一年各行业的新增经济资本有限的约束。经济资本增量（△EC）可由商业银行董事会或风险管理委员会根据银行资本充足率、资本补充渠道、信贷战略及风险偏好等因素合理确定。

2. 行业 i 经济资本增长速度（α_i）。

（1）根据行业 RAROC 收益率情况，确定行业经济资本增长空间。假定行业 RAROC 保持不变，在经济资本分配时，依据 RAROC 分布情况，按照 RAROC 越大、增长空间越大的原则，对于行业 RAROC 值高的行业，给予更高经济资本增长速度。通过指标 δ 刻画了各行业 RAROC 的分布及相对大小，来实现行业经济资本增速的合理刻度。

$$\delta_i = (RAROC_i - RAROC_{min}) / (RAROC_{max} - RAROC_{min})$$

其中，$RAROC_i$ 为 i 行业的 RAROC 值，

$RAROC_{min}$ 为各行业中最小的 RAROC 值，

$RAROC_{max}$ 为各行业中最大的 RAROC 值。

$RAROC_i$ 可由商业银行按照内部评级法要求根据行内数据计算得出。

（2）行业 i 的经济资本最优增速（α_i）可根据经济资本增速调节系数（μ）按以下模型设定。

$$\alpha_i = \beta (\delta_i)^u + \gamma$$

其中，u 为经济资本增速调节系数，

γ 为 RAROC 值（$RAROC_{min}$）最小行业的经济资本增速，

$\beta + \gamma$ 为 RAROC 值（$RAROC_{max}$）最大行业的经济资本增速，

β 为 RAROC 值最大行业经济资本增速与 RAROC 值最小行业经济资本增速之差。

（二）建立限额模型

按照 RAR 最大化原则，设定目标函数如下：

最大化：$\sum_i RAR_i = MAX \sum_i RAROC_i * EC_i [1 + \beta (\delta_i)^u + Y]$

其中，$EC_i [1 + \beta (\delta_i)^u + \gamma]$ 为 i 行业未来一年可占用的经济资本；$EC_i [\beta (\delta_i)^u + \gamma]$ 为 i 行业未来一年新增的经济资本。

约束条件如下：

$$\sum_i EC_i * [\beta (\delta_i)^u + \gamma] = \Delta EC$$

即各行业新增经济资本之和等于该行既定的公司贷款经济资本增量。根据目标函数求解 u。模型结果显示，如 u 越大，经济资本分配越向 RAROC 高的行业集中，增长率"两极分化"越明显。

（三）计算限额

通过 i 行业经济资本增速得出 i 行业的经济资本增量；根据 i 行业的经济资本增量得出 i 行业可以新增加的风险敞口。即可得到 i 新增的行业风险限额（$\triangle EAD_i$）。

$$\triangle EC_i = EC_i * \alpha_i = EC_i\left(\beta\left(\delta_i\right)^u + \gamma\right)$$

$$\triangle EAD_i = \triangle EC_i/k = EC_i\left(\beta\left(\delta_i\right)^u + \gamma\right)/k$$

（四）限额调整和修正

在通过定量方法得出行业限额之后，可根据行业风险评级结果、行业中观经营状况、行业信贷质量情况及参考行业专家意见等因素，对行业限额结果进行定性调整和修正。

三、行业信用风险限额模型评述

本书提出的行业限额设定模型符合当前商业银行加强运用经济资本管理、实施 RAROC 管理的主导思想。该模型方式符合当前国际先进商业银行有关信用风险集中度的管理思路，也是组合层面限额管理的主导模型方式。一是限额设定思路综合考虑了风险和收益两个因素，在风险收益均衡基础上，实现了行业信贷收益最大化，符合本书绪论部分提出的行业信用风险管理的最终目标。二是限额设定思路并非针对单一行业，能够实现对各个信贷行业设定限额，符合商业银行风险管理理念中的组合管理要求。三是限额设定思路对商业银行实施内部评级法特别是高级法的要求较高，而中国商业银行目前正按银监会监管要求，积极推进《巴塞尔新资本协议》的全面实施，因此也契合了我国银行业的风险管理实践。

但同时，需要关注的是，由于中国产业发展中的特殊情况以及模型的一些限定条件等因素，模型在实践运用中也存在一些困难。一是模型对经济资本、RAROC 及经济资本占用系数（k）等指标的计量要求较高，一些商业银行目前还尚不具备这方面的能力，或者是指标计量的准确度不够。二是当前中国部分行业发展面临产业政策严格限制或者行业波动性较大等显著特征，通过模型测定限额有可能不符合实质风险控制要求和监管要求。

第三节　行业评级与限额模型的实证应用

一、行业评级模型实证应用——以装备制造业为例

本部分按前文所述评级模型的思路，选择具有代表性的行业进行实证应用。为避免因产业政策影响大、产业集中度高等定性因素对行业评级造成较大影响，选择装备制造业板块下属的结构性金属制造等 48 个行业中类进行行业评级。选择装备制造业开展评级的主要原因是：该行业市场充分竞争，产业集中度相对分散，内部子行业运行状况分化明显，产业政策对其无严格管控措施，行业信用风险主要体现为行业市场波动风险，行业政策性风险和环保风险相对较小。另外，由于城市轨道交通设备制造等 6 个行业中类没有统计数据①，因此，实际对 42 个行业中类开展行业信用风险评级。

（一）指标选取

鉴于数据的可得性，重点从偿债能力、经营效益、资产营运和发展能力等财务状况方面，各选择一至两个核心主成分指标，具体选择资产负债率、销售利润率、亏损率、流动资产周转率、销售增长率五个指标，其中在行业经营效益方面选择销售利润率和亏损率两个指标。同时，根据指标影响程度，依次分别设定 20% 、25% 、15% 、15% 和 25% 的权重，考虑销售增长率和销售利润率对装备制造业经营状况的影响力较大，因此赋予更大的权重。在数据采集上，本部分基于 2014 年

---

① 　由于国标分类于 2011 进行调整，对城市轨道交通设备等 6 个新出现的行业中类，国家统计局无相关统计数据。

末装备制造业的财务运行数据及贷款质量情况，对 2015 年装备制造业子行业风险评级进行评判。

（二）计算定量评价得分

1. 收集 42 个装备子行业基础数据，在计算各指标均值和标准差的基础上，计量各行业定量指标的标准化值。如正向指标标准化值 =（指标值 – 各行业该指标值均值）/各行业该指标值标准差。

表 4—6　定量指标的均值和方差　　　（%）

名称	资产负债率	亏损率	销售利润率	销售收入增长率	流动资产周转率
方向	反向	反向	正向	正向	正向
均值	52.27	11.59	6.40	8.97	221.12
标准差	6.43	2.50	1.22	4.06	49.73

数据来源：根据 Wind 资讯 2014 年行业经济效益数据计算得出。

2. 根据各行业指标的标准化值和指标权重，计算装备制造各子行业主成分得分。（得分结果详见表 4—7）。

3. 根据主成分得分，按照 Percentile 分布并采用线性插值法，得出定量评价得分。（得分结果详见表 4—7）。

表 4—7　装备制造业子行业 2015 年定量评价结果

行业代码	行业名称	主成分得分	定量评价得分	定性调整
C358	医疗仪器设备及器械制造	1.63	100	
C353	食品、饮料、烟草及饲料生产专用设备制造	1.10	97.5	
C332	金属工具制造	0.92	95.1	
C401	通用仪器仪表制造	0.86	92.6	

续表

行业代码	行业名称	主成分得分	定量评价得分	定性调整
C402	专用仪器仪表制造	0.78	90.2	
C356	电子和电工机械专用设备制造	0.75	87.8	
C348	通用零部件制造	0.59	85.3	
C371	铁路运输设备制造	0.56	82.9	
C335	建筑、安全用金属制品制造	0.51	80.4	
C339	其他金属制品制造	0.46	78	
C345	轴承、齿轮和传动部件制造	0.36	75.6	
C359	环保、社会公共服务及其他专用设备制造	0.32	73.1	上调
C337	搪瓷制品制造	0.29	70.7	
C338	金属制日用品制造	0.29	68.2	下调
C387	照明器具制造	0.23	65.8	
C404	光学仪器及眼镜制造	0.23	63.4	
C354	印刷、制药、日化及日用品生产专用设备制造	0.19	60.9	下调
C344	泵、阀门、压缩机及类似机械制造	0.18	58.5	
C331	结构性金属制品制造	0.17	56	
C386	非电力家用器具制造	0.15	53.6	
C346	烘炉、风机、衡器、包装等设备制造	0.14	51.2	
C403	钟表与计时仪器制造	0.09	48.7	
C357	农、林、牧、渔专用机械制造	0.07	46.3	上调
C375	摩托车制造	0.04	43.9	
C342	金属加工机械制造	−0.13	41.4	
C382	输配电及控制设备制造	−0.13	39	
C352	化工、木材、非金属加工专用设备制造	−0.13	36.5	
C343	物料搬运设备制造	−0.15	34.1	
C389	其他电气机械及器材制造	−0.19	31.7	下调

续表

行业代码	行业名称	主成分得分	定量评价得分	定性调整
C376	自行车制造	-0.21	29.2	
C383	电线、电缆、光缆及电工器材制造	-0.34	26.8	
C381	电机制造	-0.48	24.3	
C334	金属丝绳及其制品制造	-0.53	21.9	
C385	家用电力器具制造	-0.53	19.5	
C355	纺织、服装和皮革加工专用设备制造	-0.64	17	
C333	集装箱及金属包装容器制造	-0.65	14.6	
C341	锅炉及原动设备制造	-0.73	12.1	
C351	采矿、冶金、建筑专用设备制造	-1.04	9.7	
C336	金属表面处理及热处理加工	-1.11	7.3	
C373	船舶及相关装置制造	-1.17	4.8	
C347	文化、办公用机械制造	-1.32	2.4	
C384	电池制造	-1.43	0	

数据来源：根据 Wind 资讯 2014 年行业经济效益数据计算得出。

总体来看，行业定量评价得分效果良好，能够较好地反映行业信用风险状况。一方面，与民生消费相关的装备制造业、产业政策大力扶持的高端和新兴装备制造业信用风险状况良好。如医疗仪器设备及器械、食品饮料烟草及饲料设备、通用专用仪表仪器设备、电子和电工机械专用设备制造、铁路运输设备制造、环保和社会公共安全专用设备等子行业的定量评价得分较高，反映了该类行业发展趋势良好、信用风险状况较低的现状。

另一方面，一些环境敏感行业、产能过剩相关行业信用风险状况较为严峻。如金属表面处理及热处理加工（环保关注行业）、电池制造

（环保敏感行业）、采矿冶金建筑专用设备制造（产能过剩上游关联行业）、船舶及相关装置制造（产能严重过剩行业）等子行业的定量评价得分较低，与当前行业经营形势趋于恶化密切相关，与行业高贷款不良率的现状相符，反映了当前该类行业信用风险较大，商业银行应严格该类行业融资管理，切实防范存量融资形成风险损失。

（三）定性调整因素

除个别行业外，装备制造业下属各子行业定性影响因素较为类似，宏观经济环境、产业政策导向对行业信用风险的影响方向基本一致，因此本部分不再对各子行业的定性因素进行评分。但对于部分子行业，结合行业信贷质量、产业结构特征等因素，可根据专家经验①对其行业评级结果进行调整和修正。如金属制日用品制造、印刷制药及日化设备制造、其他电气机械及器材制造等子行业，其贷款不良率②明显高于同得分区间的其他子行业，因此可考虑对其行业信用评级进行下调。另外，农、林、牧、渔专用机械制造行业为产业政策大力扶持的涉农产业，随着中国农业现代化的推进，未来行业信贷市场有进一步拓展机遇，且该行业不良贷款率（约1%）较低，可对其行业评级进行上调；此外，环保、社会公共服务及其他专用设备制造作为重点扶持的节能环保产业，且该行业不良贷款率（约1%）较低，其行业评级也可适当上调。

综上，根据行业评级结果，商业银行在关于装备制造业板块信贷投向的选择上，可优先支持医疗仪器设备、食品饮料设备、铁路运输设备、环保设备等与民生、消费相关子行业及高端装备子行业；合理支持金属制品、照明器具制造、轴承、齿轮等专用零部件等经营状况稳定的

---

① 银监会提出商业银行可以采用计量模型方法、专家判断方法或综合使用两种方法进行评级。

② 根据某商业银行内部数据，以上3个行业贷款不良贷款率均在3%以上，另外农机和环保设备不良贷款率约1%。

传统装备子行业；严格限制对船舶制造、电池制造、冶金设备、采矿设备等产能过剩及环境敏感子行业提供信贷支持。

二、行业限额实证测算——基于银行实践的两种思路

鉴于本章提出的限额模型计量上存在的技术和操作难度，且实际计算过程需要海量的历史积累数据甚至需要强大的信息技术系统支持，同时部分数据（如 RAROC 值）涉及商业银行的核心商业机密，难以获得并使用，因此，本部分采用基于资本约束的简化方法和商业银行实践中的替代方法两种思路进行限额测算。

（一）基于资本约束的简化测算

根据本章提出的限额模型思路，以某商业银行房地产业为例，通过资本约束的简化方法测算该行房地产业信贷限额。

1. 测算行业资本占用。通过商业银行内部历史数据，得到行业上年末经济资本占用额度。根据全年信贷增长计划及专家经验判断，计算行业当年末经济资本预测额度。具体如下：

当年末行业经济资本占用预测值＝上年末行业经济资本占用额度＊（1＋公司贷款计划平均增速＊行业贷款增速倍数）

其中，公司贷款计划平均增速根据人民银行贷款规模控制等因素由商业银行年初确定，贷款增速倍数可根据行业信贷市场和风险状况，由行内专家判断得出。

以房地产行业为例，假定某商业银行 2014 年末房地产业经济资本占用约为 500 亿元，按照当年的全行公司贷款增长计划（计划平均增速 10%）和贷款增速倍数（80%），得到当年末房地产业经济资本预测值为 540 亿元。

2. 测算行业限额。根据前文模型，通过经济资本调节系数（k①）将资本占用预测值转化为行业限额。具体如下：

行业限额＝当年末经济资本预测值/经济资本调节系数（k）

根据某商业银行内部评级法系统数据，房地产业 k 值为 11.6%。据此计算得出当年末房地产行业信贷限额约为 4650 亿元。

3. 限额校验和调整。在得出行业限额后，需对限额额度进行校验和调整。一方面，核查行业限额额度及其资本占用额度是否符合监管要求和全行资本控制计划，如监管机构对特定行业是否存在规模控制或资本占用的要求②。另一方面，根据行业特征或信贷战略偏好，可由商业银行董事会或高级管理层对限额额度进行调整。

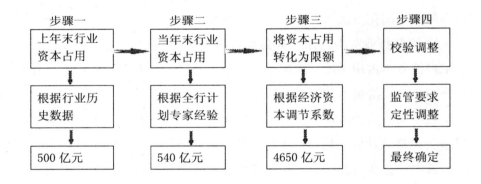

图4—1：基于资本约束的限额简化测算步骤

资料来源：根据限额简化测算思路整理。

---

① 根据巴塞尔新资本协议，K =（LGD＊N（（G（PD）＋R0.5＊G（0.999））／（1－R）0.5）－（LGD＊PD））＊（1＋（M－2.5）＊b）／（1－1.5＊b），由商业银行内部评级法系统计算得出。

② 《商业银行资本管理办法（试行）》规定，银监会根据宏观经济运行、产业政策和信贷风险变化，对相关资产组合（行业或区域）提出特定资本要求。

（二）基于商业银行实践的限额测算

当前，中国商业银行在限额管理过程中，对部分行业通过便于操作的线性计算方法，并综合多种方法进行加权平均计算，来设定限额的目标，在实践中也取得了良好的成效。按照此思路，本书对某商业银行2015年钢铁行业、农副食品加工业的行业新增信贷限额进行实证测算。

1. 基于信贷需求进行测算。行业信贷需求主要包括项目贷款和流动资金贷款需求两个部分。项目贷款需求主要基于行业新增固定资产投资而产生，可通过新增固定资产投资中银行融资占比进行预测。流动资金贷款（含贸易融资）主要满足行业日常经营中的短期资金周转需求，由于行业资金周转与行业生产销售状况密切相关，因此可基于行业销售状况及其增长预期进行测算。

表4—8　2015年钢铁行业、农副食品加工业信贷增量限额

（按信贷需求测算，单位：亿元，%）

行业	固定资产投资额预测	资本金比例	银行融资占比	本行同业占比	项目贷款需求	销售收入增量预测	流动贷款/销售收入	流动资金贷款需求	行业信贷需求
钢铁	4300	30	50	3	45	2151	1.39	30	75
农副食品加工	12080	60	30	8	116	7142	1.11	79	195

数据来源：根据2014年国家统计数据、某商业银行贷款数据测算。

（1）项目贷款需求 = 当年固定资产投资额预测 * （1 - 资本金比例）*银行融资占比 * 本行融资占比。其中：

新增固定资产投资额根据历史数据预测，其中农副食品加工业按近两年平均增速（20.5%）计算；钢铁行业属于产能严重过剩行业，产业政策产能控制产能扩张，原则上不得新增单纯扩大产能项目，2014

年固定资产投资下降5%，2015年其投资增速按-10%增长预测。

资本金比例按产业政策要求、行业资产负债率（钢铁行业66%、农副食品行业52%）和行业平均水平综合确定。通常钢铁行业由于平均项目投资额度大、行业负债率较高，所以资本金比例较低；而农副食品加工业因市场充分竞争，其自有资本金比例偏高。

银行融资占比按行业平均水平确定；本行融资占比按某商业银行公司贷款占银行业贷款比重及其风险偏好确定，近年来银行业严格控制钢铁行业融资增长，一直将钢铁行业纳入产能过剩行业严格管控。

（2）流动资金贷款需求=销售收入增量预测＊（流动资金贷款/销售收入）。其中：销售收入增量按2014年销售收入和近两年销售收入平均增速预测；流动资金贷款/销售收入的比率按某商业银行贷款数据计算。

（3）行业信贷需求=项目贷款需求+流动资金贷款需求。

2. 基于行业负债空间测算。根据行业负债总量增长的预测，并参照银行贷款占行业负债总额的比重，预测2015年钢铁和农副食品加工业的贷款增量。行业负债总量增速根据近两年来行业平均负债增速确定。行业负债总量增量按上年度行业负债总额和负债增速计算预测。贷款占行业负债总额的比重根据银行历史贷款数据得出。最后，按照行业负债增量预测和贷款占行业负债比重预测得出行业信贷增量限额。

行业贷款增量=上年行业负债总额＊行业负债平均增速＊贷款占负债比重。

表4—9 2015年钢铁、农副食品加工业增量限额（按负债空间测算，单位：亿元，%）

行业	行业负债总额	行业负债平均增速	行业负债总额增量预测	贷款/行业负债总额	行业贷款增量
钢铁	42819	5.78	2476	2.85	71
农副食品加工	15888	14.02	2228	5.15	115

数据来源：根据2014年国家统计数据、某商业银行贷款数据测算。

3. 行业新增信贷限额综合判断。对上述两种方法计算的限额预测进行汇总平均，得出钢铁行业和农副食品加工业的新增信贷限额。

表4—10 2015年钢铁行业和农副食品加工业信贷增量限额（单位：亿元）

行业	按融资需求	按负债空间	行业平均限额
钢铁行业	75	71	73
农副食品加工业	195	115	155

数据来源：根据以上两种方法综合测算。

最后，根据定性调整因素，对得出的行业平均限额进行调整。考虑到当前钢铁行业产能严重过剩，行业运行形势严峻，2014年销售利润率仅为2.2%，行业整体处于亏损边缘，信用风险较大，同时监管部门要求加强融资限额管理，及时排查信贷风险，因此，对于钢铁行业可在行业平均限额的基础上进一步调低行业限额。考虑到农副食品加工业是现代农业的重要组成部分和保障民生的基础性产业，目前行业经营状况稳定，且随着居民收入提升和消费结构升级，长远发展前景向好，因此，对农副食品加工业可在行业平均限额的基础上适度调高行业信贷限额。

第五章

行业信用风险政策管理

本章主要针对行业信用风险的控制，探讨如何通过实施政策管理来实现行业信用风险管理的目标。行业信用风险政策管理是指根据行业信用风险的识别、行业风险评级和限额等风险识别和度量的结果，通过政策管理的方式来实施行业信用风险管控，并最终实现行业信贷管理的目标。行业信用风险政策管理是行业信用风险管理流程中的重要内容，既是风险识别和度量的应用，也是实现行业信贷管理目标的手段和工具。由于管理对象和管理目标的复杂性，难以通过一种政策模式或政策工具来完成，需构建多层次多维度的政策管理体系来实现管理目标。针对中国商业银行的实践需要，本书提出行业信用风险政策管理体系应重点包括开展行业风险评级、实施行业限额管理、制定行业信贷政策、发布行业风险预警和强化行业绿色信贷管理等多维政策工具。

第一节　开展和应用行业风险评级

国际银行业监管规则及中国银监会积极支持商业银行开展行业风险评级，以完善商业银行内部评级体系。当前，中国商业银行已逐步建立完善了基于客户的内部评级体系，但在开展行业风险评级方面还相对滞后，多数商业银行还尚未开展系统性的行业风险评级工作。行业风险评级是判断行业信用风险大小、实施行业信贷政策的重要依据，对做好行业信用风险管理工作具有重要意义。因此，当前中国商业银行应积极建立行业风险评级体系，加强行业评级的应用，不断提高行业风险评级的管理水平。

一、建立行业风险评级体系

在当前宏观经济下行和行业信用风险突出的背景下，中国商业银行应积极开展行业信用风险评级工作，建立和完善行业风险评级体系，以利于准确评估行业信用风险水平并加以防控。开展行业评级时，应参照《巴塞尔新资本协议》相关要求和银监会《商业银行资本管理办法》等监管政策要求的风险评级原则。

一是加强行业风险评级体系的设计。根据行业管理需要以及银监会相关要求，行业评级对象为《国民经济行业分类》所对应的行业分类。制定完善行业评级方法，根据监管要求可采用计量模型方法、专家判断方法或综合使用两种方法进行评级。制定行业风险评级标准，确定横向（行业）和纵向（时间）跨度统一可比较的行业风险等级定义以及相对应的违约概率水平。

二是制定行业风险评级的流程。行业评级流程主要包括行业评级资料收集、行业评级发起、行业评级认定和行业评级更新。在行业评级资料方面，商业银行应完整收集行业定量分析数据和定性评价数据两大类信息资料。在行业评级发起方面，评级人员要遵循独立审慎原则，准确地将数据输入信用评级系统，保证行业评级的质量。在行业评级认定方面，应设置专业岗位或部门，审核评级发起人员的评级建议，认定最终行业信用等级。在行业评级更新方面，应设定评级更新的频率和评级有效期，对一般行业应至少每年更新一次。

三是建立行业评级体系的治理结构，重点明确商业银行董事会、高级管理层、评级管理部门及分支机构在行业评级中的职责。值得关注的是，行业风险评级工作量大，复杂度高，具体包括指标体系的建立、行业评级办法的制定推行、系统的开发、系统参数的管理、定量和定性指标的收集与评价、评级人员的培训等方方面面的内容，因此商业银行应加强本行内部部门及与分支机构的协同配合，明确行业评级的牵头管理部门以及相关配合部门及分支机构各自应承担的职责职能，做好评级的组织管理和实施应用工作。

二、加强行业风险评级应用

在开展行业风险评级的基础上，商业银行要加强行业评级结果在信贷政策和风险管理等方面的应用。根据银监会要求，商业银行评级结果可在风险管理政策制定、风险防控、信贷审批和资本分配等方面发挥重要作用。

一是发挥行业风险评级在信贷战略和信贷政策制定中的作用。银监会《信用风险内部评级体系监管要求》（2012 年）提出，"商业银行应根据债务人和债项的评级以及行业、区域等组合层面评级结果，制定差异化的信贷政策"。商业银行在宏观战略决策中，应根据行业评级结果进行行业信贷投向布局和信贷资源配置的决策和实施。同时，商业银行在信贷政策制定中，可根据行业评级结果确定具体行业信贷的总体定位和投向思路，如对行业评级结果认定为风险较大的行业，可列为本行信贷限制进入类行业，实施行业融资总量控制，并严格控制行业内的客户信贷准入。

二是加强行业风险评级在客户风险管理和客户授信中的应用。客户评级和授信既要考虑债务人自身的风险特征，又要考虑所属行业发生不利变化对债务人履约能力的影响。因此，商业银行在客户风险识别中，可将行业风险评级因素作为一个重要影响指标，纳入客户信用等级认定模型，或参照行业风险评级结果，对客户信用等级实施定量调整。同时，行业评级结果也可用于确定客户授信额度，避免高风险行业客户出现融资总量过大的情况，防范客户的过度融资风险。

三是加强行业风险评级结果在信贷审批方面的应用。根据行业风险评级的结果，商业银行可确定不同行业信贷审批的权限。如对高风险行业，可对该行业信贷业务审批权限上收至上级行甚至总行。如目前工商银行对钢铁等"两高一剩"行业的项目贷款审批权限均上收至总行。此外，行业评级结果在行业限额管理和行业经济资本分配等方面也可发挥积极作用。

三、提升行业风险评级水平

目前，国内部分商业银行已初步开展行业评级工作，但在行业风险评级的方法上，评级模型主要依赖行业财务指标进行评价判断，有关定量评估工作进展相对落后，在相当程度上行业风险评级结果受专家意见影响较大，主要原因：一是行业风险评级涉及复杂的理论模型，对数量技术手段以及数据内容要求较高，对不少行业来说，数据质量达不到评级要求；二是由于国内行业波动性大、产业政策影响大、产业集中度差异较大等因素影响，行业风险评级的最终得分难以真实地反映行业信贷风险水平的大小，即理论结果与实际应用差异较大。在当前我国行业发展环境下，部分行业财务指标不能完全反应行业风险状况，甚至存在与行业风险状况向背离的情况；如我国电力等垄断行业资产负债率高（2014 年 68％）、盈利能力一般，行业风险评级得分较低，但并不能得出行业信用风险较大的结论。

随着我国产业发展水平和阶段的逐步成熟，未来行业运行及组织结构将逐步稳定和完善，加强行业风险定量评级的条件也将逐步完备。因此，实施更为科学的行业风险评级管理，是未来行业信用风险管理的重要方向。尽管当前我国行业风险评级过程中存在一些困难和现实问题，但仍要前瞻性地加强技术储备和计量方法的运用，逐步提升风险管理水平。具体而言，需从以下几方面着手：一是合理确定行业风险评级指标。评级指标的选择对于行业风险评级的结果具有重要影响。因此，在实践中应该根据不同行业特征，分析不同行业信用风险的主要影响因素，据此设定行业风险评级指标。同时，也要深入不同行业分析核心的定性影响指标。二是要加强与国外先进银行的交流，借鉴国际先进银行的行业评级经验，完善本行适用的评级模型和方法，同时，可考虑对于不同行业设定不同的风险评级方法。三是做好评级调整工作。既要根据行业自身的发展变化情况和突发风险因素，及时调整行业风险评级指标和结果，同时也要结合行业风险评级在实际运用中的执行效果和存在问题，对评级模型及结果进行调整和完善。

第二节　实施行业限额管理

　　行业信贷限额是行业信贷的总量性控制指标，主要控制行业信贷业务的融资风险总量，防范行业信贷集中性风险。相对于单一客户融资总量管理，实施行业限额管理能够更有效地防范行业系统性风险。同时，实施行业限额管理符合银行监管部门的审慎监管导向要求。银监会高度关注贷款行业集中度风险，要求商业银行应"对集中度风险确定适当的限额①"。如针对"两高一剩"行业，银监会要求"加强融资限额和

---

　　①　引自银监会《商业银行风险评估标准》（2012年）。

客户名单制管理，建立健全行业风险监测预警机制①"。行业限额有利于实现贷款信用风险的事前管理和控制，保障商业银行信贷经营持续健康发展，防范和化解总量型和系统性行业信贷风险。

一、行业限额管理方式和原则

行业限额是商业银行根据信贷业务发展战略和风险偏好，结合行业发展变化趋势及融资风险状况，确定对特定行业的最高增量信贷额度。行业信贷限额属于信用风险限额管理范畴，主要适用范围是商业银行的贷款业务，同时可根据风险管理需要，将适用范围延伸至商业银行有信用风险敞口的表内外业务。

行业限额可分为指令性限额和指导性限额两种方式。理论上，行业限额是管理行业信贷总量的严格刚性的指令性要求，但考虑到我国的实际国情、我国商业银行所处的经济环境以及我国行业波动性特征，对一些行业难以做到严格的刚性要求。因此，在实践中行业限额管理可采用指令性和指导性限额两种方式。指令性限额管理要求，实行严格额度管控，相关信贷业务要在限额控制目标内，不得突破限额办理；指导性限额管理要求，实行行业信贷总量控制引导，商业银行在对限额使用情况进行监测的基础上，把握信贷投放节奏，调整行业信贷结构。本部分重点探讨指令性限额管理。

在实施行业限额管理过程中，一是要兼顾风险控制与市场开拓的原则，既要控制行业融资总量和系统性行业信贷风险，也要支持优质信贷市场的开拓，有利于提高商业银行的综合盈利水平。二是要兼顾政策刚性约束与弹性调整的原则，对信贷鼓励进入类和限制进入类行业，行业限额管理的执行力度可有所区别，对鼓励类行业可实施弹性的指导性限

---

① 引自银监会《中国银行业运行报告》（2013 年度），P9。

额，对限制类行业应执行刚性的指令性限额。

二、明确行业限额管理的实施流程

（一）确定限额管理行业范围

限额管理既可对全部信贷行业实施管理，也可对部分行业进行限额控制。考虑到当前我国产业发展特征和银行风险管理需要，我国商业银行近年来主要针对钢铁、水泥等产能过剩行业，以及政府融资平台、房地产、电力、公路、铁路、煤炭等融资总量或风险较大的行业实施行业限额管理。

（二）行业限额制定

行业信贷限额应根据商业银行信贷结构调整总体要求，在宏观经济政策和年度信贷计划的基础上，确保商业银行行业信贷组合趋于风险调整后收益最优化，促进行业信贷结构调整和优化。限额的确定采取定量计算与定性调整相结合的原则。其中，定量计算主要根据现代组合管理理论，结合商业银行国内经济发展的实际和商业银行信贷业务管理的需要，按外部数据测算、内部市场估计、行业组合最优测算等步骤进行测算得出。定性调整是根据模型之外的重大影响因素对行业信贷限额进行必要的修正，具体的定性因素可包括国家产业政策导向、宏观经济周期形势，行业发展阶段及其客户结构特征，商业银行信贷战略导向和风险偏好以及专家意见等。行业限额的制定须符合商业银行风险管理治理结构要求，一般应经商业银行风险管理委员会审议通过后方可实施执行。

在行业总体信贷限额确定后，可根据行业信贷资源的区域分布及分支机构的风险管理能力等因素，将总体限额在商业银行分支机构进行分配，并对分支机构进行相应的限额控制；分支机构要根据限额占用情况，合理安排融资审批发放进度，并落实有关限额管理要求。

（三）行业限额监测

为掌握限额执行情况，商业银行需定期监测分析限额占用和行业信贷结构变化情况，提出限额管控改进措施。根据行业限额监测情况，可明确行业限额在执行期内各时段的使用节奏，有效控制设限行业的信贷投放进度。如行业融资发生突发情况，对限额执行有较大影响的，要及时对限额进行监测、分析和报告。

（四）行业限额预警

在限额管理过程中，商业银行应设定行业限额预警值以避免出现超限额情况，如可以限额的90%作为预警值。当行业信贷总量达到行业信贷限额预警值时，应将限额使用及剩余情况通知信贷相关部门，要求审慎把握好后续贷款调查、评估授信、审查审批、合同签订、贷款发放等信贷业务发展节奏。对信贷增长过快的分支机构进行窗口指导或加以控制。

（五）超行业限额管理

超限额是指行业融资超过行业信贷限额的状态。当行业处于超限额状态时，原则上要停止所有新增信贷业务，制定行业融资压降方案，直至解除超限额状态。对重点行业、重大客户确需突破指令性限额的，可在限额执行期内某一时段增加临时性限额，但要确保在限额执行期满时，行业信贷总量控制在限额之内。

（六）行业限额调整

根据限额执行情况、信贷战略调整等因素，商业银行可对已设定的限额进行必要的调整。如行业基本面出现较大变化、国家出台重大产业政策，或商业银行信贷战略发生重大调整时，可根据需要调增或调减行业信贷限额。

三、完善行业限额管理的实施要求

（一）实现行业信贷限额全流程管理

商业银行应将行业限额管理贯彻至各信贷业务流程和环节，在贷款调查评估、审查审批、合同签订、融资发放以及贷后管理等信贷业务全流程中，要高度关注并及时掌握行业信贷限额的执行情况，根据限额占用进度情况有序开展业务，确保行业信贷限额管理目标的完成。在出现超限额状态时，应及时终止信贷业务流程。

（二）通过行业限额管理优化客户信贷结构

在实施限额管理过程中，商业银行应将有限的限额资源更多地分配给行业内的优质客户，限制行业内相对劣势企业的限额资源配置，避免出现限额资源先占先得、"劣币驱逐良币"的现象。在必要时可实施限额使用的名单制管理，或客户信贷总量限制等方式，确保行业内的优质客户优先占用行业信贷限额。

（三）合理优化限额管理方案

考虑到信贷业务风险程度和市场拓展重点等实际情况，商业银行可合理优化限额管理方案，以实现银行的经营目标。如对除产能过剩行业等监管部门高度关注的行业外，对其他政策性风险较低的行业，可考虑将低风险信贷业务不纳入限额管理范围；对于符合国家政策导向、有助于产能过剩矛盾化解的过剩产能"走出去"业务和产能兼并重组业务，可考虑不纳入限额管理范围。

（四）开发行业限额管理系统

实现行业信贷限额的刚性控制需要信贷信息化系统的技术支持。商业银行应依托自身信贷信息化管理系统，并根据其限额管理内容和模式，开发能够实时监控、便于操作的行业限额管理系统。在行业限额达到预警值时，实现预警信息自动提示，在出现超限额状态时，实现系统自动锁定功能，控制新增信贷业务。

第三节 制定行业信贷政策

行业信贷政策是指导行业信贷投放和信贷风险控制的管理措施，是行业信用风险政策管理的核心内容。从实践来看，行业信贷政策是商业银行最重要的行业信用风险政策管理工具。有关行业分析和行业评级等结果均可在行业信贷政策中予以体现和应用。行业信贷政策主要通过行业整体信贷策略、行业信贷投向和信贷准入、行业客户分类管理等政策手段，指导商业银行行业信贷投放、防控行业风险和优化行业信贷结构。

一、合理确定行业信贷政策要素

行业信贷政策要素是指行业信贷政策的主要框架和内容构成。从行业信贷政策的管理目标要求来看，行业信贷政策要素应该包括以下内容：政策管理范围、行业信贷策略、产业政策导向要求、行业信贷投向、信贷准入标准、客户分类标准、绿色信贷标准、业务管理要求和风险控制要求等内容。具体的行业可根据行业特征、管理需要和复杂性程度选择不同的政策要素组合。

（一）政策管理范围

政策管理范围主要用于明确行业政策管理的对象，包括管理的行业范围以及管理的信贷业务对象。行业管理范围通常根据管理需要确定，并准确对应《国民经济行业分类》中的行业代码；政策管理的信贷业务对象主要包括贷款，同时根据需要可对银行承兑汇票等表外业务进行管理。

（二）行业信贷策略

行业信贷策略是在对行业发展现状、存在问题及发展趋势进行准确判断的基础上，并依据银行的信贷战略、风险偏好、资本约束、贷款收益和监管要求等因素，明确商业银行对该行业信贷的总体导向要求。通常通过确定行业信贷定位（或行业分类）的方式，明确行业的总体信贷策略。行业信贷定位分类与行业风险评级类似，商业银行可根据管理需要确定行业定位分类的名称和层次，如工商银行将行业信贷定位划分为积极进入类、适度进入类、谨慎进入类和限制进入类行业；建设银行将行业定位划分为战略拓展行业、传统优势行业、审慎支持行业和逐步压缩行业等四类。如当前各家商业银行普遍均将产能严重过剩行业列为行业信贷限制进入或压缩类行业。

在确定行业信贷分类和定位后，可进一步明确行业信贷管理的政策目标，如市场拓展和风险控制的总体预期目标，同时也可明确行业内积极拓展的优质信贷市场，重点关注的风险领域等信贷导向。

（三）信贷投向

行业信贷投向重点用于指导行业信贷资源的投向布局，是落实行业总体信贷策略的重要体现。通过信贷投向指导贷款"放哪里"，既可引导行业信贷业务发展的方向，也可根据风险状况明确业务限制发展的领域，以达到优化信贷结构的目的。可见，准确的行业信贷投向对行业信贷管理意义重大。行业信贷投向可包括子行业信贷投向、区域信贷投向、重点客户信贷投向、重点领域信贷投向和重点产品信贷投向等内容。

子行业信贷投向可根据行业内细分子行业的市场地位和风险状况，指导子行业的投向布局。如装备制造业子行业众多，市场运行和风险状况差异较大，因此可对子行业投向定位进行细分和明确，优先支持国家重点培育和发展的高端装备制造业、重大装备制造业，适度支持传统装备制造业的转型升级和技术改造提升，谨慎介入冶金设备等市场竞争激烈、发展前景一般的传统装备制造业。

区域信贷投向是根据行业区域分布特征和区域发展状况，重点指导行业信贷资源的区域分布，对重点区域可加大行业信贷的支持力度，对落后区域应控制信贷投放总量。如对煤炭行业可根据煤炭资源分布状况，在区域投向上重点支持国家规划矿区内的煤炭企业和项目，谨慎支持国家规划矿区外的煤炭企业。

重点领域、客户或产品信贷投向是根据行业结构规律特征，从客户、产品等其他领域指导行业信贷投向的要求。如对装备制造业，可优先支持优质行业龙头企业以及主导产品为重大或高端装备、生产工艺和技术水平先进、市场竞争力突出的装备制造企业；谨慎介入主导产品为一般常规装备、产品壁垒和技术含量较低、市场竞争激烈的低端装备制造企业，加快退出传统落后装备制造企业。

（四）信贷准入标准

信贷准入标准是指对行业内客户或项目提供贷款的基本准入要求，是提供信贷支持的必要条件。凡对行业内客户新增贷款的借款人，一律须符合行业信贷准入要求；对不符合信贷准入要求的借款人，原则上不得提供信贷支持和发放贷款。可见，行业信贷准入是把握行业信用风险的第一道关口，是行业信贷政策的核心要素，对于防控行业信用风险具有重要意义。在商业银行实践中，行业信贷准入包括客户信贷准入和项目信贷准入两个部分。

1. 客户准入标准。客户准入是防范行业客户风险的第一道关口，通过客户准入标准将信用风险较大的行业客户剔除客户选择和支持的范围。客户准入的具体标准应根据影响客户信用风险的行业特征因素来进行确定。一般来说，客户准入标准包括客户行业地位、客户经济规模要求、装备工艺要求、产品先进性要求、生产成本控制要求、能耗和减排等节能环保要求、产业链上下游优势状况、财务指标要求、信用等级以及国家或地方产业政策要求等。

如对装备制造业，首先，可根据行业地位选择准入标准，行业协会公布的 1000 户排头兵企业、机械工业 100 强企业、农机 50 强、煤机 50 强均可作为客户准入标准之一①；其次，也可根据产品先进性和产品市场供求格局来制定客户准入标准，对主导产品为高端数控机床、特高压输变电设备、大型挖掘机、超临界发电设备的生产企业，可纳入客户准入范围；再次，可依据企业技术水平制定客户准入标准，具备国家级企业技术中心、省级企业技术中心、研发费用占销售收入比重超过 2% 的企业可纳入客户准入范围。

2. 项目准入标准。通常是针对公路、电力、房地产、城市基础设施等重大基础投资领域行业，主要原因是这些基础设施行业融资结构以项目融资为主，流动资金贷款需求相对较少，借款人通常是项目法人或政府组建的融资平台。如某商业银行 2013 年底火电行业 78.2% 的贷款为项目贷款，城市轨道交通行业 99% 以上的贷款为项目贷款。项目准入标准通常包括借款人股东背景、项目装备工艺和规模要求、节能环保要求、项目批复和环境影响评价报告批复文件、建设用地批复文件、贷款期限、项目资本金比例要求等。以火电行业装备工艺要求为例，根据项目规模经济、环保及产业政策要求，常规燃煤火电项目原则上单机容量 60 万千瓦（含）以上；对于 30 万千瓦以下的火电项目，规模不经济且节能环保不具优势，原则上不应予以进入②。

当然，如何确定合理的行业准入标准十分重要和关键。合理准确的行业准入标准有利于商业银行在防控行业风险的基础上进行市场营销，

---

① 中国工业经济联合会、中国机械工业联合会、中国农机工业协会等按年度公布优质企业名单。

② 规模工艺要求可参照《产业结构调整指导目录（2011 年本）》。

不当或不符实际的行业准入标准既有可能风险控制过度而造成行业信贷市场丧失，也有可能标准选择过宽而造成行业信用风险的扩大。同时，在制定行业信贷准入标准时，既要考虑客户风险和偿债能力，又要考虑风险缓释措施和客户综合收益；对部分综合实力相对较差、违约概率较大的客户，可通过提高贷款定价、增加贷款担保措施等债项限定条件，扩大行业客户的信贷准入范围，如凡能提供低风险质押且符合国家产业政策要求的客户，均可纳入行业准入范围要求。因此，行业信贷准入标准需在均衡风险和收益的基础上进行制定，且须经实践的检验。

（五）客户分类管理

在行业信贷管理中，对行业内客户进行分类管理是防范客户风险、调整客户结构的重要手段。商业银行可根据行业内客户的分布结构和业务管理需要，将客户划分为不同的类别或等级，并对其实施不同的管理要求。比如客户分类管理可将行业贷款客户划分为重点类、适度进入类、维持类、限制类及退出类等不同类别。

一般来说，重点类客户为行业内龙头骨干企业，是商业银行在该行业重点营销的客户。适度进入类客户是行业中的中上游企业，具备一定的发展前景、稳定的行业地位或区域性市场竞争力，是商业银行适度营销但需适度控制融资总量的客户。维持类客户是行业内的中游或中下游企业，经营正常但发展前景具有不确定性，可维持信贷关系但仅提供短期风险可控的融资业务品种，一般对其不发放项目贷款，且需控制好融资总量和同业占比。限制类客户为行业下游企业，受产业周期性变化影响较大，生产经营不稳定，信贷风险相对较高，原则上不提供新增融资且存量贷款须逐步压降或到期收回，该类客户是商业银行客户信贷结构调整的主要对象。退出类客户为行业中经营状况出现明显恶化、银行融资出现违约，或违反产业政策或环保政策的企业，信贷风险较大，应尽快退出融资直至清户；对退出类客户原则上应只收不贷，加快压缩存量融资，并通过提高贷款利率和增加抵质押物等方式强化贷款保障措施。

（六）信贷风险管理要求

行业信贷政策中的信贷风险管理要求，重点是要根据行业风险特征，提出风险防范和风险控制的措施，以规避行业系统性风险。行业的共性风险包括行业受经济周期影响的系统性风险、受市场竞争和市场波动影响的行业经营性风险、受产业政策和监管政策影响的行业政策性风险、受节能环保约束影响的行业环保风险等；行业的特性风险因行业特征不同而有所区别，如煤炭行业中安全生产事故风险、农副食品加工业中的食品安全风险、煤化工行业中的直接技术路径风险（煤直接制油技术推广模式尚不成熟）、造船行业中的保函融资风险、风电设备制造行业中的产业政策名单制管理风险等。行业风险防控措施通常包括严格行业信贷准入要求、提高行业贷款定价、严格落实有效的抵质押担保措施、加大风险客户融资退出力度、实施客户授信总量控制等。

当前，我国工业领域产业运行形势严峻，产能过剩矛盾突出，产业转型升级步伐加快，行业信贷风险较为突出。如对装备制造业，一是要密切关注复杂严峻经济形势下行业可能面临的系统性风险，当前我国装备制造业持续多年高速增长的势头已出现扭转，投资、出口增速下滑对行业经营造成重要负面影响，要防范与基础设施和房地产建设密切关联的装备企业，以及受出口下滑影响较大的装备企业信贷风险。二是要高度关注装备制造子行业产能过剩风险，我国装备制造业投资管理体制相对宽松，冶金设备、建材设备、化工设备、风电设备、工程机械等部分子行业投资扩张较快，对该类装备子行业应从严把握信贷准入。三是要加强防范产业结构转型升级中落后企业信贷风险，随着产业转型升级步伐加快，低端装备生产企业盈利能力和发展空间有限，面临逐步被淘汰的局面，因此不得介入《产业结构调整指导目录》《高耗能落后机电设备（产品）淘汰目录》等政策明确的低端落后装备生产企业。

（七）信贷业务管理要求

行业信贷政策不仅要防范行业风险，更要指导业务发展。信贷业务管理要求，主要是根据行业特征分析，通过信贷授权、信贷产品、信贷流程、信贷营销等其他信贷制度与行业信贷投向、行业准入、客户分类管理相结合，指导和促进行业信贷业务的发展，实现行业信贷收益的最大化。对文化产业、电信产业等风险较低的信贷进入类行业，可扩大信贷业务授权，增强信贷市场的拓展能力。对钢铁、水泥等产能过剩行业，要收紧信贷业务授权，如新增融资一律上报总行审批，以提升风险防控能力。对装备制造业，随着产业结构结构调整和转型升级的推进，产业兼并重组活动逐渐增多，产业"走出去"步伐逐步加快，产业"再制造①"趋势逐步明显，因此在业务管理要求中，可制定有关支持行业兼并重组、"走出去"和"再制造"的信贷政策措施。随着金融脱媒趋势的加剧，客户对商业银行的金融需求不仅限于贷款支持，更需要一揽子综合化金融服务，因此对工业客户，还应通过合理信贷支持，提升投行、结算、年金、托管以及金融资产服务业务等综合化金融服务水平，提升客户对银行的综合贡献价值。

二、提高行业信贷政策管理水平

（一）加强行业板块化管理，提高行业政策覆盖范围

行业信贷政策需实现对商业银行信贷行业的有效覆盖，如能实现行业信贷政策对所有行业的全覆盖，将极大地有利于提升信贷管理能力。同时，各类行业的数量众多、差异较大，在有限的人力资源的约束下，既无可能也无必要对每个细分子行业进行深入研究并制定行业信贷政

---

① 再制造是循环经济"再利用"的高级形式，指将废旧机械设备进行专业化修复的批量化生产过程，达到与原有新品相同的质量和性能。

策。因此，有必要对全部行业的属性进行了系统梳理，将各个行业进行划分、分类和归并，对特征相似的行业划分至一个板块，将国民经济全部行业划分为若干个板块，最终通过制定行业板块化信贷政策，提高行业信贷政策的覆盖面，并最终实现信贷政策对各行业的全覆盖。

实施行业板块化管理，有利于推进行业组合管理，提高监测统计效率和政策执行力，并最终提升政策管理能力。一是通过行业板块划分，可统一完善行业监测统计标准，以构建完整清晰、同业可比的行业监测统计视图，并据此进行行业结构规划及组合管理。二是按照"板块＋重点子行业"的模式实行行业信贷政策的板块化管理，既在概括板块共性要素的基础上制定板块化的行业信贷政策，同时对其中的重点子行业制定细化的政策要求，进一步提高政策覆盖面和政策管理能力。

（二）充分发挥行业信贷政策的宏观战略导向作用

行业信贷政策在政策功能上首先是要正确指导行业信贷投放的战略导向，其次才是发挥政策的微观管理优势。行业信贷的战略导向发生偏差，将对行业信贷运行造成重要负面影响；同时，行业信贷政策在微观层面规定太细，将缺乏政策灵活性，影响行业信贷市场竞争力，反而不利于风险防控。在政策的宏观指导方面，首先要合理确定行业信贷定位和设定政策目标，比如贷款增长多少，结构如何调整，质量如何控制；其次是加强对信贷投向和风险控制的总体指导，在行业信贷的布局上下功夫，包括区域布局、子行业布局和产品布局和重点领域的风险防控要求；另外要增加政策的灵活性，对信贷战略性进入的行业尽量减少客户名单制管理，取消不具备可操作性的信贷指标。

（三）突出强化行业核心特征指标

行业信贷政策要重点突出行业特征因素，通过行业核心特征指标要求防控行业信用风险，以体现行业信贷管理的优势。归纳和提炼能够反映行业企业竞争力和风险状况的关键行业特性指标（如装备工艺、技术水平、生产成本、环保要求等），作为制定行业信贷准入标准和客户分类标准的重要依据，有利于提高政策的科学性和可操作性。一般来说，反映行业风险和企业竞争力的关键特性指标，包括利润等效益类指标、污水废气排放等环保类指标、电水煤气等资源消耗类指标和装备规模工艺等技术类指标等。

对钢铁、有色等生产成本约束较强的行业，可通过测算企业盈亏平衡点，强化成本指标的使用，前瞻性地甄别并主动退出不具发展前景的企业。如年生产规模在 20 万吨以下、电价高于 0.3 元/度的电解铝企业，以及年生产规模在 60 万吨以下、生产成本高于 2000 元/吨的氧化铝企业不具备规模和成本优势，处于盈亏平衡点之下，可通过制定信贷准入标准将该类企业排除在客户选择范围之外。同时，对环境敏感行业，可进一步完善环保指标的优秀值及达标值要求。另外，加强核心指标在贷中贷后管理的运用，如对项目营运期间未达指标要求的（如盈亏平衡点），可停止新增融资或提前收回融资。

（四）加强行业政策与区域、产品、客户等信贷政策衔接

商业银行在制定行业信贷政策时，必须要与行内区域、产品、客户等信贷政策进行有效衔接，避免出现政策叠加、交叉或矛盾，共同形成政策合力，以促进信贷业务健康发展。对装备、商贸、农产品加工等重点行业，可积极关注行业区域发展特征，与区域信贷政策有效衔接，完善产业特色区域和优势产业集群的信贷支持措施，有效推动优质市场的拓展。对于建筑、电子、零售等产业链融资资源丰富的行业，可依靠行业内核心客户的信用，放宽上下游客户的行业准入标准，促进供应链融资市场拓展。对于近两年风险频发的批发业（如钢贸企业），可进一步加强对小企业客户的业务投向指导。

（五）及时修订完善行业信贷政策，加强信贷政策后评价管理

行业运行状况和行业信用风险是动态变化的，因此行业信贷政策需

根据行业运行变化状况、最新产业政策导向，及时加以修订和完善。同时，加强行业信贷政策执行情况的后评价，逐步建立定期、科学、量化的政策执行效果后评价机制，及时发现政策存在问题并加以修订完善。

三、强化行业信贷政策管理工具

行业政策管理工具是指确保政策得到有效贯彻和执行的必要手段和工具。在管理实施中，既需宏观指导性管理工具，也需微观刚性控制手段；同时，也要兼顾政策工具的实施效率和弹性要求。

（一）设定行业经济资本调节系数

经济资本管理有利于体现银行自身风险偏好、发展策略和政策导向，通过设置经济资本调节系数可发挥行业信贷政策的导向性作用，把行业信贷定位和行业信贷分类落到实处。实施经济资本管理，提高资本回报率也是《巴塞尔新资本协议》的重要要求；根据监管要求，目前国内大型商业银行已具备经济资本的计量和管理能力。因此，商业银行在进行行业信贷管理时，可根据行业信贷分类，合理确定行业维度的经济资本调节系数，将行业信贷投放与经济资本占用挂钩。如对信贷战略上重点或积极进入类的行业，可设定低于100%的经济资本占用系数，通过减少经济资本占用额度，鼓励在该行业增加信贷投放额度；对信贷谨慎或限制进入类的行业，可设定高于100%（如150%）的经济资本占用系数，通过增加经济资本占用额度的考核方式，限制在该行业的信贷投放力度。

（二）设定客户RAROC管理要求

加强RAROC应用也是《巴塞尔新资本协议》和监管部门的要求。RAROC指经风险调整后的资本收益率，是综合反映贷款风险和收益均衡的最优指标。根据RAROC指标的内涵，在行业信贷管理中应用RA-ROC指标，就是将信贷业务的收益与风险进行进一步匹配管理，以便更加精准地实现在符合商业风险偏好的前提下"经风险调整后的收益最大化"的管理目标。实践中，可根据行业分类并结合信贷产品的差异，实施不同的客户 RAROC 阈值管理要求。如对信贷重点或积极进入类的行业，可设定相对较低 RAROC 阈值管理要求；对信贷谨慎或限制进入类的行业，可设定相对较高的阈值管理要求，以体现行业信贷投向管理的差异化要求。

（三）实施重点行业名单制管理

对重点关注的风险行业，可通过信贷准入标准和客户分类标准，实施客户名单制管理，以强化行业风险控制能力。对符合行业信贷准入标准的客户，通过建立客户名单进行统一管理；在名单内的客户，方可办理融资业务，不在名单内的客户，不得新增融资业务；对拟新增贷款的新客户，须首先核定是否符合信贷准入，经审查符合准入的，可纳入名单制进行管理。同样，对客户分类也可进行名单制管理，明确客户名称和客户分类，并实行分类差异化管理。

（四）实施信贷系统刚性控制

系统控制是行业信贷管理中最严格的管理手段。系统控制首先依赖于商业银行具备完善的信贷管理信息系统，在信息系统中录入客户准入名单、客户分类的类别，根据评级、授信、审批、产品、期限、利率、授权、同业占比等差异化管理要求，实施系统刚性控制。如对行业退出类客户，在信息系统中锁定不得增加融资，通过系统控制可防止银行信贷人员违规发放贷款，避免银行发生操作风险、合规风险和道德风险。

第四节　实施行业风险预警

行业风险预警是指在行业信贷管理过程中，对于出现重大风险或突发风险的行业，及时预警提示行业信贷风险，并提出风险管理措施的政策工具。行业风险预警提示或通知是行业信贷政策的有益补充，主要用于防范行业性突发风险或重大风险。

发布行业风险预警也是金融监管部门防范银行业行业信贷风险的重要政策工具。银监会《商业银行风险预警操作指引》（2005 年）要求商业银行开展风险预警工作，并将风险预警结果将作为监管机构风险评价和现场检查的参考。2004 年，中国人民银行在公布货币政策执行报告中，对"过热"发展的钢铁、电解铝和水泥三个行业发布了风险预警提示，要求商业银行严控对该类行业的信贷投放，严控新增项目贷款，通过上浮贷款利率的方式提高技术环保落后企业的风险溢价，并加大对商业银行的窗口指导力度。2007 年，银监会办公厅发出通知要求防范电力、钢铁、有色、建材、石油加工、化工等高耗能高污染行业贷款风险，要求商业银行贯彻落实国家宏观调控政策，加强对经济金融形势和行业分析，严格信贷准入门槛，做好风险排查，提高对高污染高耗能行业的风险预警能力①。2008 年，银监会办公厅发出通知对汽车贷款进行风险提示，指出由于市场价格波动、竞争不规范等因素影响，汽车贷款风险较大，要求商业银行加强贷前调查、贷中审查和贷后管理，加强贷款合同管理和账户管理，强化对经销商担保能力审核，并实施严格问责制，规范汽车贷款业务管理②。可见，实施行业风险预警不仅是监管部门的监管要求，也监管部门常用的风险监管手段，同时也是商业银行加强行业信用风险管理的内在要求。

---

① 参照《关于贯彻落实国家宏观调控政策防范高耗能高污染行业贷款风险的通知》（银监办发〔2007〕132 号），银监会 2007 年发布。
② 参照《关于汽车贷款风险提示的通知》（银监办发〔2008〕4 号），银监会 2008 年发布。

一、设定行业风险预警条件

商业银行应根据行业信用风险的重大变化情况，确定实施行业风险预警的启动条件。通常来说，实施行业风险预警需满足出现以下重大风险状况的要求。

一是由于行业运行情况出现重大不利情况，造成行业信用风险急剧扩大。当行业发生产销大幅下滑、行业亏损面急剧扩大、行业现金流和资金链紧张、行业偿债能力严重下降的时候，行业违约概率会大幅上升，出于防控信用风险的需要，此时需及时发布行业风险预警通知。近年来，在全球经济、贸易增长放缓的背景下，我国造船行业运行形势十分严峻。造船运行指标大幅下降，2014年中国造船完工3905万载重吨，同比下降13.9%，承接新船订单5995万载重吨，同比下降14.2%；造船行业经营效益大幅下滑，规模以上企业利润总额228.8亿元，同比减少47.7亿元；大多数中小型船厂面临的开工不足甚至无工可开的局面，船东延期接船甚至弃船现象普遍发生。与此同时，造船行业信贷风险急剧上升，如大连STX造船有限公司已进入破产清算程序，多家银行大量融资面临损失，江苏熔盛重工有限公司因经营状况恶化造成200多亿元的银行融资面临风险。在此情况下，应及时对造船行业发布行业风险预警通知。

二是产业政策或外部环境发生重大变化，造成行业信用风险不确定性增大。当产业政策对行业准入标准做出重大调整、对行业已建成和在建项目进行清理、提高行业用水用电等资源能耗成本、降低税收补贴优惠，以及影响行业经营的外部环境发生重大变化等情况时，行业运行格局可能会发生重大调整，此时市场风险和政策性风险有可能进一步增大，所以应及时对行业风险进行预警提示。2013年，国务院发文要求化解产能严重过剩矛盾，提出要严禁建设新增产能项目，清理整顿建成违规产能，分类妥善处理在建违规项目，并坚决淘汰落后产能；要求河北、山东、辽宁、江苏、山西等地区压缩钢铁产能总量 8000 万吨以上①。从产业政策导向看，产能过剩行业政策性风险加大，特别是河北、山东等地区落后钢铁企业风险较大，因此可及时对产能过剩行业融资风险发布风险预警通知。另如，2012 年底，中央发布"八项规定"以来，严格勤俭节约、廉洁从政有关规定，公费宴请等活动大幅减少，对高档餐饮、酒店等行业收入和效益带来较大冲击②，因此可及时对高档餐饮、酒店行业融资风险发布风险预警通知。

　　三是行业贷款质量明显下降，实际贷款损失大幅增加。行业信贷质量能够直接反映行业信贷风险的大小。对个别行业，如贷款质量出现明显下降，则反映当前行业系统性风险较高，应注意考虑实施行业风险预警。如自 2012 年至今我国主要商业银行制造业不良贷款和不良率均出现明显上升，反映当前制造业信贷风险亟须关注。因此，当前可深入分析制造业不良贷款增加的成因，并考虑发布制造业行业信贷风险预警。

表 5—1　工、农、中、建制造业贷款质量变化情况（截至 2014 年末，单位：亿元,%）

银行	贷款余额	不良额	不良额较年初增加	不良率	不良率较年初增加
工商银行	15329	357	86	2.33	0.51
农业银行	13911	514	120	3.69	0.83
中国银行	13855	345	83	2.49	0.54
建设银行	13056	485	104	3.71	0.83

　　数据来源：根据工、农、中、建四大行 2014 年报整理。

---

① 参照《国务院关于化解产能严重过剩矛盾的指导意见》（国发〔2013〕41 号），国务院 2013 年发布。

② 引自《八项规定后全国高端餐饮业营业额下降三至四成》，人民网，2013 年 9 月 23 日。

二、明确行业风险预警内容

行业风险预警通常包括两部分内容：一是行业信用风险提示，及时提示行业当前面临的重大风险状况和风险因素；二是行业风险管理要求，即提出防范当前行业信贷风险的具体应对措施。

在行业信用风险提示方面，商业银行应提示当前被预警行业所面临的内外部严峻形势，并在此基础上揭示行业面临的主要风险因素和风险点，提醒信贷从业人员在该行业选择客户和信贷调查时应充分关注这些风险因素。如造船行业 2012 年以来面临的突出风险包括：企业经营巨额亏损风险、境外船东弃船风险、资金链断裂风险、预付款保函垫款风险等。

在行业风险管理要求方面，商业银行应根据行业风险因素提出有针对性的风险化解措施，要求信贷从业人员在办理该行业信贷业务和实施贷后管理过程中应严格落实所提出的风险管理措施。如针对造船行业预付款保函垫款风险，可要求对办理保函业务的船厂和船东提出更加严格的准入要求，根据客户综合实力提出差异化的保函融资总量控制要求、对新增保函业务要求落实抵押担保措施等。

三、实施行业风险预警要求

商业银行应按照行业风险管理的及时性、必要性原则实施行业风险预警。风险预警首先要具有及时性，需及时对风险行业进行关注并落实风险防控措施，若错失风险防范时机，风险预警的效果将难以充分实现，有可能造成行业重大风险损失；其次风险预警要具有必要性，应针对重大行业或重大风险进行风险提示，对风险因素不突出的，可通过行业信贷政策进行常规的风险管理。

商业银行应建立行业风险预警的长效机制。在日常行业信贷管理过程中，商业银行应加强对行业信用风险状况的定期跟踪和监测分析，对出现符合风险预警条件的行业，应及时启动风险预警程序，在规定限期内，向负责风险管理的管理层通报行业风险状况及实施预警的准备，在经审批后发布行业风险预警通知。同时，在行业风险因素降低或取消时，也要及时撤销行业风险预警。

第五节　强化行业绿色信贷管理

当前，国家积极推进绿色低碳社会建设，加强环境污染治理，支持节能减排产业发展。有关产业政策导向包括：一是调整优化产业结构，抑制高耗能、高排放行业过快增长，加快推动淘汰落后产能。二是强化主要污染物减排，加强工业废水、脱硫脱硝、农业源污染、机动车污染物、大气污染等重点行业污染物减排治理，加强城镇生活污水处理设施建设。三是加强工业节能，强化建筑节能，推进交通运输节能，推进农业和农村节能，强化商用和民用节能，实施公共机构节能。四是实施节能减排重点工程，包括节能改造工程、污染物减排工程以及重点行业清洁生产、资源综合利用和循环利用等。

可见，随着我国经济增长方式的转变，高能耗、高资源耗费、高环境成本的增长模式已不可持续，高耗能、高排放行业的环保风险将进一步增大；但同时随着低碳社会的建设，相关节能减排行业具有良好的发展空间，也具有相当大的融资需求。商业银行作为商业性经营机构和公共性社会服务机构，应积极实施绿色信贷管理，通过合理有效地配置信贷资源，在促进经济与资源环境协调发展过程中，实现银行自身的可持续发展。

基于行业维度的绿色信贷管理，是绿色信贷管理的重要内容，也是有效开展绿色信贷的重要抓手。行业绿色信贷管理一方面要控制高耗能、高排放行业环保风险，另一方面要拓展促进节能减排领域或行业的绿色信贷市场。

一、完善行业绿色信贷政策体系

（一）制定行业绿色信贷指引

2012 年，银监会印发了《关于印发绿色信贷指引的通知》（银监发〔2012〕4 号），对商业银行绿色信贷的要求不断严格和细化，其中要求"对国家重点调控的限制类以及有重大环境和社会风险的行业制定专门的授信指引""明确绿色信贷支持的重点方向和领域"，并将定期开展对各行绿色信贷工作的评估。2015 年，银监会印发了《关于印发能效信贷指引的通知》（银监发〔2015〕2 号），要求商业银行应在有效控制风险和商业可持续的前提下，加大对工业节能、建筑节能、交通运输节能以及节能服务技术等重点能效项目的信贷支持力度。

根据监管要求及自身信贷管理需要，商业银行的行业绿色信贷指引可用于指导重点环保关注行业的环保风险控制和绿色信贷市场培育，在贷前调查、项目评审、放款核准、贷后管理等各信贷环节明确具体行业的环保风险点及市场需求。行业绿色信贷指引的主要内容和框架结构可包括以下三个方面的内容：一是行业有关环境污染和资源消耗问题。明确相关行业主要的污染物类型、排放的主要途径以及能源消耗情况等内容，使信贷人员了解行业工艺和环保风险点，有针对性地做好风险防范。二是行业环保能耗应达到的基本标准、优秀标准和淘汰标准。根据国家产业政策、环保政策及监管政策要求，对企业环保能耗、安全生产等方面应该达到的基本要求进行提炼和归纳；同时，将目前国家鼓励的、行业内节能环保优秀企业主要的环保标准进行列明，作为商业银行绿色信贷的鼓励和支持的重点方向；另外，可将信贷资金禁止进入的淘汰落后标准进行列示。三是绿色信贷投向及其他管理要求。明确绿色信贷应主要投向节能减排、资源综合利用、技术改造、循环经济等领域，同时可强调在调查审查及监测检查中应重点关注的环保风险点及应对措施。对符合行业绿色信贷投向、达到节能环保优秀标准的企业或项目，商业银行可在风险可控的前提下给予优先支持。

（二）完善行业绿色信贷标准

对重点"两高"行业，商业银行可应制定和完善行业绿色信贷准入标准，作为客户或信贷业务选择的环保风险准入关口。行业绿色信贷标准应依据行业环保风险特征进行确定，主要包括环保依法合规、项目选址、技术工艺、污染物排放标准、能耗要求等。

在环保依法合规方面，企业须符合国家环境方面的法律法规、监管要求以及准入条件，具备安全生产许可证、排污许可证、危险废物经营许可证等相关生产或排放许可等证照；项目环评须经有权部门审批同意，项目建成后环保设施须经有权部门验收合格。在项目用地或选址方面，"两高"行业企业不得位于需特殊保护或禁止污染类项目选址的地区范围内，尤其是涉及油类泄漏、重金属排放、危险化学品污染的企业须保持严格的安全距离。以焦炭行业为例，在城市规划区边界外 2 公里以内，主要河流两岸，食品、药品等企业周边 1 公里以内，居民聚集区、自然保护区等保护地以及饮用水水源保护区内的焦化生产企业，不符合绿色信贷准入标准。在污染物排放与控制和能源资源消耗方面，企业污染物排放水平和能源、资源消耗水平须达到或优于国家（地方）的有关标准或强制性规范要求，企业污染物处理、在线监控等环保设备的设置应符合国家相关要求且运行正常。

在绿色信贷管理和绿色信贷准入标准实施过程中，商业银行应执行绿色信贷全流程"一票否决制"。对不符合绿色信贷标准的企业，不得提供任何形式包括低风险业务在内的融资，对已有存量融资的企业，须纳入行业退出类客户进行管理，加快存量融资的退出。

（三）实施绿色信贷分类管理

在借鉴赤道原则的基础上，商业银行可对行业信贷实施绿色信贷分类，对不同公司客户的环境与社会风险进行分类、统计与管理，建立绿色信贷风险监控体系。绿色信贷分类管理应根据行业、区域或客户的节能环保特征和绿色信贷属性，对其环境影响程度进行区分，构建分层次、多维度的绿色信贷分类体系。在行业层面，可将各类行业划分为环境友好型行业和环境敏感型行业（前文已述）。在区域层面，划分环境承载能力较低的环境敏感区域，包括属于国家确定的污染防控重点地区，如三湖（太湖、巢湖、滇池）以及淮河、辽河、海河、松花江等重点流域。在对行业及区域环境敏感分类的基础上，还可进一步实施企业环境风险和绿色信贷分类。企业环境风险分类主要根据企业环保情况和环保违法企业所受处罚措施和案件进展情况，按照企业环保违法风险的轻重程度和可能性进行划分，在实践中可划分为环境友好企业、环保合格企业、环保关注企业、环保风险企业和环保违规企业等。

二、加强重点行业绿色信贷管理

（一）加强涉霾行业绿色信贷管理

2013 年以来，我国中东部地区连续出现大范围雾霾天气，污染治理形势严峻，引起广泛关注。PM2.5 是产生雾霾天气的重要原因，它是由一次颗粒物（如烟尘、粉尘等）加上二次颗粒物的前体物（如二氧化硫等）经过复杂过程形成的混合体。尽管目前我国尚无完整的大气污染排放源清单，但综合 PM2.5 构成以及行业污染物排放情况判断，火电、水泥、钢铁、化工、石化、有色行业以及机动车尾气是我国 PM2.5 来源的主要领域。其中，火电大气污染物排放总量及占比均居各行业之首，贡献了40%以上的氮氧化物和二氧化硫、四分之一以上的烟尘。

雾霾天气与PM2.5的治理，本质上是产业结构升级和能源结构清洁化问题，可以预计未来火电等高排放行业发展进一步受限，石化、汽车等行业面临产品升级，机动车排放标准更为严格，煤炭消费总量将受到抑制，清洁能源比重继续提高。由于PM2.5对人体健康有较大负面影响，随着我国环境监测能力、信息披露透明度以及居民维权意识的提升，其潜在影响还将进一步显现。因此，商业银行应主动顺应我国产业与能源结构调整趋势，做好信贷结构持续调整与风险防控工作，控制高排放行业信贷总量，严格执行相关行业环保标准，加快退出不符合产业政策与环保要求的企业，同时积极拓展清洁能源、大气治理等新兴信贷市场。

表5—2　PM2.5来源涉及的主要领域（单位：万吨,%）

行业	氮氧化物	占比	二氧化硫	占比	烟尘	占比
火电	733.38	40.80	1068.70	46.06	314.62	26.97
水泥	201.24	11.19	269.44	11.61	271.68	23.29
钢铁	81.74	4.55	220.67	9.51	97.73	8.38
化工	41.98	2.34	130.15	5.61	78.81	6.76
石化	29.80	1.66	65.30	2.81	—	—
有色	—	—	122.04	5.26	—	—
机动车	549.65	30.58	—	—	—	—
上述总计	1637.79	91.10	1876.3	80.88	762.84	65.39
全国合计	1797.70	100	2320	100	1166.64	100

数据来源：根据环保部等《第一次全国污染源普查公报》整理。

（二）加强重金属排放相关行业绿色信贷管理

近年来，我国重金属污染事故频发，因其环境和资源的敏感程度高、负面影响大，已成为国家环境风险监管和防控的重点领域。重金属行业主要包括皮革鞣制加工行业（C1910）、涂料制造（C2641）、油墨及类似产品制造（C2642）、颜料制造（C2643）、染料制造（C2644）、印制电路板制造行业（C3972）、其他常用有色金属矿采选行业（B0919）、其他常用有色金属冶炼行业（C3219）、金属表面处理及热处理加工行业（C3361）中电镀行业、基础化学原料制造行业（C261）中电石法聚氯乙烯生产企业以及硫磷化工和砷化物生产企业、电池制造行业（C3841）中的铅酸蓄电池制造行业、铅锌矿采选行业（B0912）以及铅锌冶炼行业（C3212）等多个行业。商业银行要认识重金属排放企业面临的环保风险和政策风险，从严控制该领域信贷投放，严格防范相关信贷或声誉风险。考虑到近两年环保部门对涉及重金属污染企业加大了专项整治的力度，行业环保风险不断加大，而中小企业由于自身规模、实力、技术水平等，受国家或地方关、停、并、转、迁等强制措施的影响较大，环保风险尤为突出，因此对重金属排放领域内中小微企业，应下调客户绿色信贷分类，严格控制贷款发放。同时，加强与各级环保部门的沟通与联系，密切跟踪监测环保部门及媒体公开披露的重金属污染企业相关动态。

（三）加强高危化学品行业风险防控

近年来，由化学品生产、运输以及非法排污引起的突发环境事件频发。2008—2011 年，环保部共接报突发环境事件568 起，其中涉及危险化学品事件占51%。高危化学品具体分布于有机化学原料制造、无机盐制造、化学农药制造、染料制造、涂料制造、其他基础化学原料制造、无机酸制造、无机碱制造、初级形态塑料及合成树脂制造、氮肥制造等多个行业。

"十三五"期间，我国重化工产业仍将占有较大比重，化学品环境管理和风险防控形势日趋严峻，因化学品导致的健康和环境风险与日俱增，国家将加强化学品环境风险防控的监管执法。行业中不符合环保政策要求，位于环境敏感区域，涉及淘汰类、限制类产品工艺等企业，其政策性风险与经营风险均十分突出。加强高危化学品行业风险管理，要进一步严格相关化工行业环保准入标准，确保环保依法合规，客户选址及产品目录不得纳入国家禁止范围，对部分中小企业和特高危化学品生产企业，应严格控制信贷投放；同时要密切关注国家环保部化学品重点防控企业名单发布情况，及时落实对风险客户的风险防控措施。

（四）加强涉及淘汰落后产能企业融资风险防控

目前，我国工业领域落后产能依然大量存在，特别是在产能严重过剩矛盾的背景下，国家加快淘汰落后产能的力度有可能进一步加大，近两年淘汰落后产能工作机制已出现常态化。淘汰落后产能要求可能对相关行业的企业带来以下两类风险。一是经营性风险，企业淘汰产能占比高尤其是需要整体关停的企业，其正常生产经营将受到较大的负面影响；二是政策性风险，未能按政策要求淘汰落后产能的企业将会受到国家严厉的行政处罚措施。可见，对落后产能企业，银行融资将可能面临较大风险。因此，商业银行要高度重视淘汰落后产能企业风险控制工作，密切跟踪并力争提前了解国家和地方淘汰落后产能政策动向、具体措施以及涉及的企业名单，及时组织开展客户风险核查，并前瞻性地采取有效风险控制措施降低商业银行风险。另外，对一些暂未纳入落后产能，但工艺相对落后、面临淘汰风险的企业，也应前瞻性地实施信贷压降和退出。

三、支持节能环保行业发展

（一）积极支持节能环保设备制造业

节能环保离不开环保设备的支持。当前，我国环保设备产业需求旺盛，行业发展前景良好，2014 环保设备行业销售收入增速 13.72%，销售利润率 7.2%，行业效益居制造业前列。因此，商业银行可积极支持在大气污染防治设备（如火电厂和冶炼窑炉烟气脱硫脱硝设备）、水质污染防治设备（城市污水和工业废水处理设备）或固体废弃物处理设备（垃圾分选、堆肥和焚烧处理设备）等细分产品领域具有较强的市场地位和技术优势的环保设备企业。

（二）积极支持循环经济信贷市场

随着低碳社会的建设以及降低煤炭等化石能源的使用比例，未来新能源产业发展向好。商业银行可稳步拓展清洁能源信贷市场，支持列入国家规划的水能、核能、风能、太阳能、生物质能、地热能、海洋能（潮汐能）等新能源或可再生能源的开发或利用项目。另外，可稳妥支持符合《资源综合利用目录》要求的综合利用工程项目和产业园区循环化改造。

（三）稳妥支持节能产业和节能重点工程建设

国家有关节能减排的综合性工作方案，积极支持推进节能产业的发展。发展节能产业和项目不仅是产业政策要求，更是企业实现经济效益的内在要求。当前，重点节能产业和节能工程主要包括燃煤工业锅炉（窑炉）改造工程、区域热电联产工程、余热余压利用工程、节约和替代石油工程、电机系统节能工程、能量系统优化工程、建筑节能工程、绿色照明工程、政府机构节能工程等。

（四）稳妥支持减排产业和重点减排工程建设

"十二五"规划要求，到 2015 年全国二氧化硫和化学需氧量排放较"十一五"末下降8%；氨氮和氮氧化物排放总量下降10%。可见，减排行业和领域市场空间较大。重点减排行业和重点减排工程主要包括城镇污水处理设施及配套管网建设、城镇垃圾处理项目，火电机组、钢铁烧结机和球团生产设备、石油石化行业催化裂化装置等脱硫脱硝项目，钢铁、焦炭等环境敏感行业的工业污染物减排项目。商业银行可优选减排行业领域的客户或项目并提供信贷支持。

第六章

当前加强行业信用风险管理的建议

本章分析了当前中国商业银行行业信用风险状况以及行业信用风险管理现状。针对当前行业信用风险管理中需关注的问题，在综合前文研究的基础上，重点对现阶段加强行业信用风险管理提出了政策建议。

第一节 当前行业信用风险及其管理现状

一、当前中国商业银行行业信用风险状况

近年来，中国宏观经济增速呈现放缓态势，尽管宏观经济运行处于合理运行区间，但下行压力逐步增大，产业整体运行情况不容乐观。与此同时，商业银行总体行业信用风险水平逐步上升，重点行业不良贷款进一步暴露，行业整体不良率明显上升。

（一）商业银行信用风险总体情况

在宏观经济下行背景下，当前中国商业银行总体信用风险水平逐步上升。2012—2014 年，中国 GDP 增速分别为 7.7%、7.7% 和 7.4%，GDP 增速进一步下降；2015 年 GDP 增速下降至 6.9%，创下了近年来的新低水平。

表6—1 2011—2014 年商业银行贷款质量总体情况 （单位：亿元,%）

指标	2011 年	2012 年	2013 年	2014 年
GDP 增速	9.5	7.7	7.7	7.4
不良贷款额	4279	4929	5921	8426
不良贷款率	1.00	0.95	1.00	1.25
贷款损失准备	11898	14564	16740	19552
拨备覆盖率	278.1	295.51	282.70	232.06

数据来源：国家统计局 http：//data. stats. gov. cn/index；银监会 2011—2014 年
《商业银行主要监管指标情况表（季度）》。

与此同时，中国商业银行信用风险呈现明显的上升趋势。自 2012 年开始，商业银行整体不良贷款率连续多年的下降趋势出现逆转，不良贷款率由 2012 年第 1 季度末的 0.94% 上升至 2014 年末的 1.25%。特别是自 2014 年以来，商业银行信用风险水平出现了加速上升势头。2014 年，商业银行整体不良贷款额 8426 亿元，较上年末增加 2506 亿元，增幅达 42.32%；不良贷款率上升了 0.25 个百分点；与此同时，拨备覆盖率进一步下降，2014 年末拨备覆盖率为 232%，较上年末下降 50 个百分点。

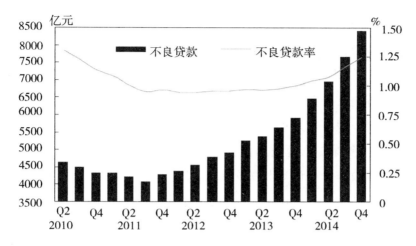

图6—1 近年来中国商业银行各季度不良贷款情况

资料来源：银监会2014年中国银行业运行报告，2015年2月发布。

（二）行业信用风险总体情况

当前，中国商业银行行业信用风险逐步增大，行业不良贷款水平整体出现了明显上升趋势。根据银监会披露数据，2013年商业银行各行业不良贷款额合计5265亿元，较上年增加850亿元；不良率贷款率1.19%，较上年增加0.07个百分点。从行业大类来看，主要行业风险状况如下。

1. 当前制造业以及批发零售业等行业信用风险较为突出。2013年末，制造业和批发零售业贷款合计19.88万亿元，占各行业贷款总量的44.8%；不良贷款额合计3850.2亿元，占各行业不良贷款额的73.1%；不良贷款额合计较上年末增加1008.1亿元，占全部新增不良的118.6%。制造业和批发零售业是实体经济的主体行业，如制造业经济增加值约占GDP的30%。由于制造业和批发零售业均为经济周期敏感型行业，在当前经济下行的背景下，行业经营效益受到的冲击最为明显，因此行业信用风险水平也明显上升。此外，农林牧渔业以及住宿餐饮业信用风险水平也相对较高，不良贷款率分别为 2.27% 和 1.27%，均高于行业整体不良贷款率平均水平（1.19%）。

2. 教育、科研服务、文化体育、公共管理、卫生、商务服务业以及金融业等公共服务行业信用风险相对较低。当前，随着中国经济的转型升级发展，服务业发展空间相对较大，服务业占 GDP 的比重逐步提升，如 2014 年第三产业增加值比重为 48.2%，较上年增加 2.1 个百分点。同时，教育、科研等相关公共服务业具有一定的抗周期或逆周期性，行业发展态势相对稳定，行业贷款质量相对较好。

3. 交通运输、电力、建筑业以及水利环境设施等基础设施行业总体信用风险相对稳定。交通运输等基础设施行业垄断程度较高（如部分借款人为政府交通厅），目前偿债压力虽有所增大，但总体风险状况相对可控。交通运输等以上行业贷款质量相对较好，不良贷款率均在 0.7% 以下。

表 6—2 2013 年中国商业银行行业不良贷款情况（单位：亿元,%）

代码	行业门类	贷款额	不良贷款额	不良贷款率
A	农、林、牧、渔业	11626	263.9	2.27
F	批发和零售业	78722	1700.4	2.16
C	制造业	120101	2149.8	1.79
H	住宿和餐饮业	6189	78.6	1.27
O	居民服务、修理和其他服务业	3238	34.0	1.05
I	信息传输、软件和信息技术服务业	2968	28.2	0.95
P	教育	2607	23.2	0.89
G	交通运输、仓储和邮政业	47632	323.9	0.68
M	科学研究和技术服务业	1235	8.4	0.68
R	文化、体育和娱乐业	1702	9.7	0.57
D	电力、热力、燃气及水生产和供应业	26863	137.0	0.51

代码	行业门类	贷款额	不良贷款额	不良贷款率
E	建筑业	25720	128.6	0.50
K	房地产业	44667	214.4	0.48
S	公共管理、社会保障和社会组织	2469	7.9	0.32
B	采矿业	15742	48.8	0.31
L	租赁和商务服务业	26862	77.9	0.29
Q	卫生和社会工作	2611	4.7	0.18
J	金融业	2750	3.3	0.12
N	水利、环境和公共设施管理业	20182	22.2	0.11
合计		443885	5265	1.19

数据来源：中国银行业监督管理委员会2013年报，2014年6月发布。

需要说明的是，由于受银监会数据披露时间影响，上文仅以2013年行业信贷数据进行分析，实际上2014年各行业信贷风险水平较2013年总体上进一步上升。另外，银监会按照国家统计局国标行业门类，进行行业信贷数据披露，由于部分行业门类（如制造业）范围过大，不便于行业信用风险的细化评估。实际上，制造业涵盖范围广泛、子行业众多，尽管制造业整体风险显著增大，但其中个别子行业信用风险水平有可能进一步降低。

（三）大型商业银行行业信用风险状况

根据工、农、中、建四大上市银行年报数据，2014年四家商业银行整体行业信用风险水平明显增大，行业整体不良率均较年初进一步上升。

1. 制造业和批发零售业等传统行业信用风险状况进一步恶化。从行业贷款质量来看，批发零售业和制造业贷款质量较差，不良率明显偏高（均在2%以上）；不良贷款率较年初均进一步上升。特别是批发零售业主要商业银行不良率在4%以上；其中，建设银行不良率高达

6.1%，较上年末上升1.15个百分点。

　　2. 采矿业和建筑业等周期性行业信用风险状况出现反弹。受大宗商品价格波动、煤炭价格持续低位运行等因素影响，四大行采矿业不良贷款率均较年初进一步上升。受房地产等投资增速趋缓因素影响，建筑业贷款质量总体出现下行态势，除工商银行外其他三家商业银行不良贷款率均明显上升。此外，部分商业银行房地产业和商业服务业不良贷款率也出现上升，其信用风险状况值得关注。

　　3. 电力、交通运输、水利公共设施、城建等基础设施领域贷款不良率相对较低，不良贷款率总体上有所下降，反映了即期行业信用风险较低的现状。

表6—3　2014年工、农、中、建四大银行重点行业风险状况（单位：%）

代码	行业门类	工商银行		农业银行		中国银行		建设银行	
		不良率	较年初	不良率	较年初	不良率	较年初	不良率	较年初
B	采矿业	0.60	0.40	0.80	0.62	0.55	0.43	1.66	1.43
C	制造业	2.33	0.72	3.69	1.30	2.49	0.76	3.71	1.30
D	电力、热力、燃气及水的生产和供应	0.19	−0.28	0.44	−1.21	0.83	−0.20	0.31	−0.22
E	建筑业	0.60	−0.04	0.82	0.46	0.95	0.37	1.56	0.80
F	批发和零售业	4.61	2.60	5.93	3.48			6.10	1.15
G	交通运输、仓储和邮政业	0.32	−0.52	0.36	−0.84	1.17	−0.46	0.46	0.09
K	房地产业	0.84	−0.04	0.96	−0.07	0.46	−0.28	1.10	0.12
L	租赁及商业服务业	0.38	0.13	0.15	−0.36			0.15	−0.26
N	水利、环境和公共设施管理业	0.01	−0.06	0.28	−0.48	0.10	0.09	0.06	−0.03
	公司贷款合计	1.31	0.31	2.00	0.36	1.76	0.42	1.66	0.30

数据来源：工、农、中、建四大上市银行2013—2014年年报。

二、中国商业银行行业信用风险管理现状

近年来，加强行业信用风险管理已成为中国银行业的共识，实施行业信贷管理对于做好信贷工作的重要意义得到广泛认同。以工商银行为代表的大型商业银行积极开展行业信用风险管控工作，行业信贷管理已成为国内主要商业银行在实践中防范系统性风险的重要工具。

（一）行业信贷管理框架初步建立，但行业信用风险管理体系仍需完善

目前，国内商业银行初步建立了以行业信贷政策为核心的行业信用风险管理体系。工商银行等大型商业银行经过多年探索，初步建立了涵盖行业研究分析、行业信贷政策、行业限额管理以及行业风险预警的管理体系。

在行业信贷政策管理方面，国内主要大型商业银行均按年度制定、修订和发布行业信贷政策，作为当年信贷风险控制和行业信贷投向的重要依据。在行业限额管理方面，国内部分商业银行自 2010 年以来逐步开展产能过剩等重点行业限额管控，积极防范重点关注行业的集中度和系统性风险。在行业风险预警方面，国内部分商业银行根据行业风险形势，不定期对部分高风险行业开展行业风险预警和风险提示。

表6—4　近年来工商银行行业信贷管理情况（单位：个、%）

名称	2012 年	2013 年	2014 年	2015 年
行业信贷政策数量	54	61	61	18 板块
行业信贷政策覆盖面①	84	85	85	100

资料来源：根据工商银行年报等资料整理。

---

① 行业政策覆盖面指已制定行业信贷政策的行业贷款合计占全部行业贷款总量的比重。

与此同时，国内商业银行行业信贷管理体系仍需进一步完善。

一是行业信贷政策覆盖面有待拓宽。目前，尽管工商银行行业信贷政策覆盖面在国内率先达到100%，但国内绝大多数商业银行政策覆盖面相对有限。部分商业银行行业信贷政策的覆盖范围，主要针对钢铁、有色等传统行业，忽视了对现代农业、先进制造业、现代服务业以及战略性新兴产业的政策管理；主要针对煤电油运及城建、开发区、房地产等贷款余额较大的基础产业，忽视了部分余额不大但风险相对突出行业的政策管理。

二是行业信贷政策管理内容需进一步细化。部分商业银行行业信贷政策内容较为宽泛，政策条款的原则性内容较多，缺乏具体量化的政策要求，致使政策指导性和有效性大打折扣。部分商业银行行业信贷政策的管理对象主要针对行业内大、中型企业，而出于业务发展或管理能力等考虑，小企业可不受有关行业信贷政策的管控，其业务开展执行银行小企业信贷政策制度，因此忽视了对小企业行业信用风险的管控。部分商业银行行业信贷政策的管理内容主要针对行业项目贷款和传统流动资金贷款，而忽略了对贸易融资业务风险的管控。

三是行业限额管理的有效性有待增强。目前，国内商业银行行业限额管理的对象主要针对钢铁、有色金属冶炼、水泥、造船、平板玻璃等产能过剩行业，以及政府融资平台和房地产等监管关注行业。限额管理的行业范围相对有限，特别是对一些风险较大行业缺乏限额管理，如绝大多数商业银行未对制造业、批发零售业等风险暴露较大的行业实施限额管理。同时，限额管理的刚性控制效果不够，部分商业银行缺乏限额的信贷系统控制，致使出现行业信贷突破限额但仍无法控制的尴尬局面。部分商业银行对于铁路等垄断行业，甚至出现了突破监管机构有关行业和客户集中度控制的要求。

四是行业评级管理体系滞后。目前，国内大型商业银行依据《巴塞尔新资本协议》以及银监会《商业银行资本管理办法》，逐步建立了客户内部评级体系，部分银行如工商银行等已达到内部评级高级法的要求。但受技术水平、信息系统建设、数据积累等因素影响，绝大多数商业银行尚未建立系统量化的行业信用风险评级体系。缺乏行业评级体系的支撑，既不利于准确评估行业信用风险水平，也不利于制定科学的行业信贷政策和行业限额。

（二）行业信贷管理效果总体良好，但局部系统性风险未得到有效控制

近年来，中国银行业积极开展行业信用风险管理，总体上取得了良好的成效。2013—2014 年，国内商业银行平均不良贷款率分别为 1% 和 1.25%，与国际先进同业相比仍处于较低水平①。2013 年，发达经济体不良贷款率 5.1%，金砖国家不良贷款率 3.46%，新兴经济体不良贷款率 1.80%，均高于中国不良贷款率水平。中国商业银行信用风险防控的成效，既与国内银行股改上市、不良贷款剥离以及前一阶段顺周期因素相关，同时也与国内银行近年来重视信用风险防控以及加强行业信贷管理密不可分。

---

① 引自人民银行货币政策司课题组《贷款利率、不良贷款率和净息差的国际比较》，来源于财新网 http：//economy. caixin. com/2014 – 09 – 17/100729707_ all. html。

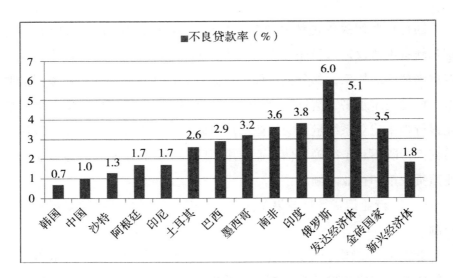

图6—2　2013年中国和各主要国家及经济体不良贷款率情况

数据来源：世界银行，世界发展指数（World Development Indicators，WDI）数据库。

从国内大型商业银行来看，行业信用风险管理的成效也较为显著。工商银行自2003年在国内率先成立行业分析中心以来，不断完善和细化行业信贷政策，积极防控行业系统性风险和引导行业信贷投向，取得了良好的成效。目前，工商银行行业整体不良贷款率1.31%（2014年末），近年来均处于四大行最优水平。在多年实践中，工商银行行业政策覆盖行业的资产质量，整体上要优于政策未覆盖的行业。以钢铁行业（典型产能过剩行业）为例，近10余年以来，工商银行严格控制钢铁行业的信贷投放，2014年工行钢铁行业贷款余额1119亿元，较2001年仅增长约8%；与此同时，2014年中国钢铁（粗钢）产量8.2亿吨，产能较2001年扩张了近6倍。由于实施了积极的行业融资总量控制措施，工商银行既有效避免了钢铁行业集中度风险，同时也为遏制中国钢铁产能过度扩张贡献了力量，积极履行了商业银行的社会责任。

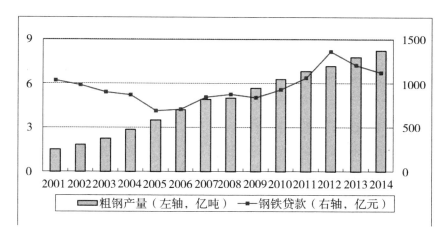

图6—3　2001—2014年中国粗钢产量和工商银行钢铁行业贷款情况

数据来源：Wind行业经济数据库、历年工行年报及作者整理。

　　尽管中国银行业行业信贷管理总体效果良好，但国内银行在防范行业系统性风险方面仍有待加强。从近年来行业风险集聚来看，部分行业系统性风险未得到有效控制。

　　1. 在应对经济周期下行、防范宏观系统性风险方面，行业信用风险管理的有效性和针对性有待加强。自2012年以来，中国制造业、批发零售业信贷风险逐步放大，主要商业银行在制造业和批发零售业的不良贷款出现明显增加。如建设银行2014年在制造业和批发零售业的不良贷款分别增加了184亿元和38亿元，不良率分别达到3.7%和6.1%；两个行业新增不良额约占建行2014年净利润的10%，贷款质量的劣变对于银行的盈利能力和稳健经营造成了不小的负面影响。与此同时，一些商业银行面对严峻的行业风险形势，尚未制定形成有效的风险控制措施，预计后期在相关行业的风险暴露有可能进一步扩大。

　　2. 近年来造船、光伏、钢贸等行业信用风险暴露状况突出，行业信用风险防控的前瞻性和及时性有待加强。近年来，造船行业受产能严重过剩、行业经营恶化影响，行业融资出现了较大的系统性风险，部分大型造船企业贷款出现大额违约，对多家商业银行贷款质量造成了严重影响。大连 STX 造船公司、宁波市北仑蓝天造船有限公司、江苏南通惠港造船公司、浙江东方造船公司等造船企业相继倒闭和破产；据媒体披露大连 STX 造船公司贷款余额超过 100 亿元。造船行业风险甚至对部分区域信贷风险造成较大负面影响，目前江苏省不良贷款逐年攀升，新增不良主要集中于造船、钢铁等行业①。另外，自 2012 年以来，光伏制造行业陷入严重困境，多家商业银行光伏行业不良贷款大幅攀升。如 2012 年江西赛维 LDK 太阳能高科技有限公司贷款出现违约，国开行、农行和中行等超过 100 亿元的融资出现风险②；2013 年无锡尚德太阳能电力有限公司进入破产程序，涉及负债超过 170 亿元，工、农、中等大行不良贷款均在亿元以上③。此外，近年来，钢贸行业信贷风险在长三角地区集聚暴露。在积极压缩表内外授信、加快处置存量不良的情况下，2013 年末上海地区钢贸行业不良率仍高达 7%。

三、当前行业信用风险管理中需关注问题

（一）行业信用风险管理基础需进一步提升

一是行业研究分析有待加强，行业精细化分析能力需要提升。行业研究分析是行业信用风险管理的起点，也是识别和管理行业信用风险的重要基础。商业银行开展行业分析应与其他机构行业分析有所不同，分析内容和目的是要服务于行业风险管理。目前，商业银行在加强行业分

---

① 引自《江苏省不良贷款主要集中于造船钢铁业等行业》，中新网，2014 年 7 月 26 日。

② 引自《江西赛维亿元贷款逾期　首遭银行起诉》，21 世纪经济报道，2012 年 11 月 22 日。

③ 引自《尚德 529 家债权人讨债 173 亿　多家银行涉贷过亿》，第一财经日报，2013 年 5 月 23 日。

析过程中应关注的问题有：分析过程中缺乏行业深度信息数据的支持，过于依赖行业历史数据；缺乏对行业动态信息的掌握，缺乏外部专家指导和行业实地调研；减少对行业基本常识和客观存在内容的关注和分析，加强对影响行业风险的重点因素分析。

当前，产业转型升级和新兴产业涌现对行业精细化研究提出了更高要求。中国宏观经济和产业结构正在发生深刻变化，传统投资拉动型的煤电油运等基础产业增速放缓，以先进制造业、现代服务业为代表的新兴实体经济产业正加快发展。以国家重点培育的战略性新兴产业为例，该领域包括节能环保等 7 个行业，每个行业内又包括若干子行业（如节能环保产业包括节能环保设备、资源综合利用和技术服务等多项内容，横跨制造业和服务业等多个领域）。可见，众多的新兴行业、复杂的产业技术以及大量的创新产品，对行业研究提出了更高的要求。

表6—5　战略性新兴产业重点发展领域

产业	重点发展领域
节能环保	高效节能技术、装备和产品；资源综合利用、资源循环利用、再制造产业；先进环保技术、装备和产品；市场化节能服务、环保服务
新一代信息技术	新一代移动通信、下一代互联网核心设备和智能终端；物联网、云计算；集成电路、新型显示；软件和网络服务，基础设施智能化改造
生物	生物技术、基因治疗、现代中药等创新药物品种；先进医疗设备、医用材料等生物医学工程产品；生物育种产业和海洋生物产业
高端装备制造	干支线飞机和通用飞机为主的航空装备；卫星及其应用产业等为主的航天装备；轨道交通装备；海洋工程装备；智能制造装备
新能源	新一代核能产业；太阳能，光伏发电；风电；生物质能；智能电网
新材料	稀土功能材料、高性能膜材料等新型功能材料；高品质特殊钢等先进结构材料；高性能纤维及其复合材料；纳米、超导、智能等共性基础材料
新能源汽车	插电式混合动力汽车、纯电动汽车；燃料电池汽车相关前沿技术研发

资料来源：根据国务院《关于加快培育和发展战略性新兴产业的决定》（2010 年）整理。

二是行业信息数据积累需进一步增强。行业信息收集是行业研究分析的起点和基础；在当前大数据应用的背景下，丰富完备的行业信息数据库对于开展行业研究分析具有重要意义。行业信息内容包括行业经济环境信息、行业产销供求信息、行业运行数据、重点客户资料、产业政策和金融监管政策、行业信贷数据等内容。目前，国内商业银行在行业信息数据库建设、信息渠道以及数据挖掘分析等方面存在诸多需完善的地方。在信息数据存储方面，国内部分商业银行行业信息积累较为分散和零乱，尚未建立行业信贷数据库。在信息数据收集方面，重视财务等定量数据的收集，缺乏对行业产品、行业技术模式及行业专家等定性数据的积累。在信息收集渠道方面，过于依赖统计局等官方数据来源，对行业协会等主管部门数据获取能力不够，或相关的财务经费支持力度不够。

三是行业信用风险的定量管理水平相对较弱。国内商业银行在行业信用风险的定量分析、模型应用等方面与国外商业银行相比还存在一定差距。目前，由于国内行业信用风险的特殊性，一些行业特色风险影响因素在模型中难以体现，基于行业维度的信用风险度量模型仍须逐步完善；且国内部分银行数据积累周期较短，难以满足模型应用的要求。同时，国内部分银行 IT 信息系统开发相对滞后，难以有效开展模型应用和风险计量。行业评级和行业限额涉及海量的信息数据，传统计量软件和硬件，无法支撑海量的数据处理和运算能力；但开发行业风险管理信息系统，涉及全行信息系统统筹规划、大量的资金投入和人力成本。此外，国内银行业在有关行业信用风险的大数据分析方面经验和能力不足，主要体现在对行内有关信贷数据及客户数据（如客户资金流向等）的挖掘不够以及大数据分析模型尚未完善。受制于技术、数据等因素影响，目前国内商业银行在行业评级和行业限额等风险度量方面存在诸多不足，部分行业风险度量相对依赖行业专家经验和主观信贷决策，因此，行业风险定量分析能力和水平还需进一步提高。

（二）当前行业信用风险管理范围难以满足商业银行经营转型的需要

当前，我国商业银行已步入经营转型的关键时期，传统的业务经营模式已不符合经济金融形势的需要。受利率市场化、金融脱媒、市场竞争加剧等深层次因素影响，中国商业银行特别是大型商业银行正加快经营转型步伐，积极实施金融服务多元化、业务国际化、经营综合化的发展战略，以实现银行经营的可持续发展。随着银行多元化、国际化、综合化战略的推进，商业银行信用风险的管理范畴将进一步扩大和延伸。

1. 表外业务及金融资产服务业务发展致使行业信用风险范围进一步扩大。当前，传统信贷业务经营发展模式遇到挑战，资本约束对信贷业务扩张形成显著约束，同时国内利率市场化进程致使银行贷款利差缩小，增大了银行经营的压力，另外金融脱媒化进程降低了客户对传统金融媒介和信贷业务的依赖。因此，当前商业银行表外业务（信贷承诺）和以代客理财投资为代表的金融资产服务业务呈现加速发展势头。2014年末，工商银行表外业务（信贷承诺）折算的信用风险加权资产10140亿元，较年初增速10.51%；理财业务余额增速高达48%，业务发展速度明显高于6.39%的公司贷款增速。尽管客户的融资方式和融资渠道发生了改变，但是客户或融资主体的信用风险依然存在，依然具有显著的行业集聚特征；若管理不善，依然有可能发生较大行业系统性风险。

表6—6 工商银行2014年表外及理财业务增长情况（单位：亿元,%）

信贷承诺及理财业务	2014 年	2013 年	增速
信贷承诺的信用风险加权资产	10140	9176	10.51
理财业务余额	19825	13395	48.00

数据来源：工商银行2013—2014年报。

2. 商业银行国际化布局致使行业信用风险从国内延伸至全球。随着中国商业银行综合实力和管理水平的提升，同时伴随着中国产业"走出去"的步伐，近年来中国商业银行特别是大型商业银行积极推进国际化经营布局。目前，国内商业银行在境外地区业务发展势头迅猛，境外机构数量不断增多，覆盖国家地区不断扩大，已覆盖了中国国际贸易额占比80%以上的国家；境外业务资产快速增长，农业银行和建设银行2014年海外业务资产增速在30%以上，普遍高于境内机构增速；境外机构利润对银行集团总利润的贡献率逐步提高，中国银行2014年海外机构利润总额对集团的贡献度达到22.98%，比上年增加3.6个百分点；同时，境外机构的贷款也出现快速增长，如工商银行和中国银行2014年境外贷款增速均在20%以上。商业银行国际化经营对防范境外行业信用风险提出了新的要求。

表6—7　工农中建四大行境外业务发展情况（截至2014年末，单位：亿元、%）

银行	单位	覆盖国家地区（个）	境外机构（个）	境外资产	境外资产增速	实现利润	境外贷款	境外贷款增速
工商银行	亿美元	41	338	2360	12.8%	30.2	1309.8	21.1%
农业银行	亿美元	13	15	853.7	47.0%	5.2	—	—
中国银行	亿美元	—	628		18.1%	76.4	3036.6	20.87
建设银行	亿元	20	24	9480.9	32.7%	38.95	—	—

数据来源：根据工农中建四大行2014年报整理。

3. 综合化经营致使行业信用风险管理范围从银行拓展至银行集团。随着中国金融改革的推进，综合化经营是当前商业银行战略发展的重要趋势。近年来，我国商业银行在立足做好传统银行业务的基础上，积极开展综合化经营，纷纷设立基金、租赁、保险、投行、证券、信托业务等控股子公司，发挥银行主业和其他金融业务的优势互补作用，在为客户提供综合化金融的同时，实现商业银行集团公司的效益最大化。如工商银行近年来设立工银租赁公司、工银瑞信基金公司、工银安盛保险公司、工银国际（投资银行）等控股子公司。银行控股子公司在发展专项业务的同时，同样面临行业的信用风险和市场风险的挑战。

总的来看，目前国内商业银行行业信贷管理难以满足商业银行多元化、国际化和综合化发展的需要。主要体现在：目前行业信贷管理侧重于对传统贷款业务的管理，缺乏对于表外业务、理财投资等业务产品的信用风险管理；侧重于对境内信贷业务的管理，缺乏对境外机构的行业信用风险管理；侧重于对于银行自身业务的行业信用风险管理，缺乏对银行集团下属租赁公司、基金公司、保险公司等子公司信用风险的管理。

（三）在经济下行背景下部分传统产业和基础产业信用风险进一步突出

当前，经济下行进一步推动了经济转型升级和产业结构调整的步伐，并对部分传统产业和基础产业运行带来较强的阵痛。

一是传统行业信贷风险进一步突出，特别是其中不符合转型升级要求的行业和企业、产能过剩行业、"高污染、高能耗"行业风险形势尤为严峻。从制造业整体来看，近年来制造业采购者经理指数（PMI）①总体呈现波动下行态势，其中汇丰 PMI 指数多次在 50％ 的荣枯平衡点之下，反映了当前制造业下行或衰退的迹象。从制造业内部结构来看，产能过剩行业以及与投资和出口相关度较高的传统制造业面临较大运行压力。2013 年钢铁、有色、化纤等过剩行业亏损面较大（高于 17％），盈利能力较低（利润率低于 4％）；纺织、服装、皮革、家具、电子信

---

① PMI 是国际上通用的监测制造业走势的先行性指数，由新订单指数、生产指数、从业人员指数、供应商配送时间指数、库存指数等 5 个扩散指数加权而成。PMI 通常以 50％ 作为经济强弱的分界点。

息制造、文体用品制造等出口相关行业（出口依赖度在20%以上）销售增速下滑，利润率偏低。

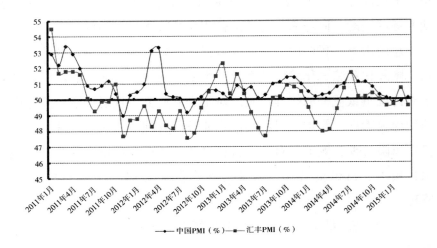

图6—4：2011 年以来制造业采购者经理指数（PMI）

数据来源：国家统计局 http：//data．stats．gov．cn/和 Wind 资讯。

二是随着经济发展方式转变以及投资增速的放缓，政府融资平台和房地产等基础产业融资风险进一步增大。自 2009 年以来，中国固定资产投资增速连续 5 年逐年下降，产业间投资增速出现明显分化，第一产业投资增速连续 4 年来保持增长，而第二产业投资增速近 3 年来逐年下降。投资结构的变化反映了产业结构调整的趋势，受此影响房地产、政府融资平台等投资拉动型行业运行压力较大。尽管当前政府融资平台和房地产行业贷款不良率较低，但其行业信贷风险仍值得密切关注。

表6—8 近年来中国固定资产投资及增速情况（单位：亿元，%）

时间	固定资产投资额	同比增速	第一产业同比增速	第二产业同比增速	第三产业同比增速
2009 年	193920.4	30.4	49.9	26.8	33
2010 年	241430.9	24.5	18.2	23.2	25.6
2011 年	302396.1	23.8	25	27.3	21.1
2012 年	364835.1	20.6	32.2	20.2	20.6
2013 年	447074	19.3	32.5	17.4	21.0
2014 年	512761	15.3	33.9	13.3	16.8

数据来源：国家统计局 http：//data.stats.gov.cn/。

三是产业运行状况出现分化，在传统产业运行严峻的同时，一些民生相关行业及新兴产业增长势头良好。在制造业中，农副食品加工、食品饮料、烟草等消费类制造行业保持较快增长速度，盈利能力相对较好（亏损面较低，均低于9%）。以装备制造业为例，采矿冶金设备、工程机械、集装箱制造、金属加工、电机制造、电线电缆等子行业运行形势严峻，医疗设备、环保设备、农机制造、食品设备等新兴产业和消费相关行业运行状况良好（产业增速均在15%以上、利润率均在6%以上）。

（四）优化行业信贷投向和支持产业转型升级的需求更为迫切

银行信贷的可持续发展与产业健康运行具有显著的相关性，信贷发展和产业运行息息相关，在一定程度上两者相互影响，相辅相成。戈德史密斯（Goldsmith，1969）、麦金农（Mckinnon，1973）和肖（Shaw，1973）著名的金融发展、金融抑制和金融深化理论，强调了金融支持与产业发展具有紧密的正相关性。国务院总理李克强近期在金融机构调研时也强调："实体经济是肌体，金融是血液，金融业在经济升级发展和民生改善等方面发挥着不可替代的作用"①。国外先进银行通过金融手段促进产业健康发展的经验也为我国商业银行提供了有益借鉴。如20世纪80年代以来，美、日、欧均加大汽车行业在新兴国家的海外布局，国际大型银行纷纷拓展其海外服务网络，通过加大对汽车行业的国际化金融服务，助力本国汽车产业做大、做强。

一是合理的行业信贷投向，可促进行业信贷与产业转型升级的可持续发展。首先，稳健的经济发展、良好的产业结构不仅能够改善银行业经营环境，有利于保障行业信贷的资产质量，更有利于促进银行信贷业务的长远发展。按照经济运行的市场化规律，行业信贷投向将重点取决于行业发展前景，而行业发展前景与产业转型升级高度相关；支持产业转型升级有利于商业银行信贷资产的稳定。其次，金融是现代经济的核心，产业健康发展也离不开银行信贷的支持，通过行业信贷支持，可促进产业快速健康发展甚至能够引导产业的发展方向。如通过合理的信贷支持与限制，可促进新兴产业发展，遏制传统过剩行业盲目扩张，能有效促进产业的转型升级和健康运行。

二是当前宏观经济形势及产业政策导向对金融支持的力度提出了更高要求。从经济形势来看，当前宏观经济处于下行阶段，企业"融资难、融资贵"问题进一步显现；部分行业和企业在加强技术研发、实施节能减排、实施兼并重组等转型升级过程中，可能面临资金不足的困境，迫切需要信贷支持。另外，从政策导向来看，支持实体经济和产业转型升级发展也是宏观政策和监管部门的导向要求。国务院2013年发文要求，金融机构要加大对战略性新兴产业、有发展前景的先进制造业、绿色环保等领域以及传统产业改造升级的资金支持力度；保证和支

---

① 李克强：深入推进金融改革开放 助力实体经济升级发展，http：//www.gov.cn/guowuyuan/lkq.htm。

持铁路等重大基础设施、保障性安居工程等民生工程建设的资金需求。

三是国内商业银行在加强行业信贷管理、优化行业信贷投向等方面相关政策措施须进一步完善。目前，国内部分商业银行对产业转型升级的新领域研究不够，在投向引导方面信贷支持力度相对保守；部分商业银行行业信贷政策管理不够细化，不能精确引导行业信贷投向；部分商业银行行业信贷政策管理存在"一刀切"现象，对转型升级产业与传统产业，在融资支持方面未能做到区别对待。

第二节　有关政策建议

针对当前中国商业银行行业信用风险管理状况及需关注的问题，本章重点从加强行业研究分析、积极运用风险定量工具、完善全面行业信用风险管理体系、密切关注重点行业信贷风险，以及促进中国产业转型升级等方面，提出了现阶段加强行业信用风险管理的有关政策建议。

一、围绕重点加强行业研究分析

（一）突出行业研究分析重点

行业研究分析的关键是要与行业信用风险管理相结合，为行业信贷管理服务。总的来说，在对产业运行分析、产业结构分析、产业特征分析等内容进行综合分析的基础上，要重点判断行业发展前景与趋势以便于制定行业信贷总体策略原则，重点判断行业发展中存在的问题以揭示行业风险点，重点分析行业客户结构以便于优化行业信贷结构。

1. 重点分析行业发展前景，以便于确定行业信贷导向。行业发展前景分析是行业研究分析的重要结论。通过行业前景趋势的判断，可研究确定商业银行对该行业总体信贷投放的策略和导向。在行业发展前景判断中，要加强对行业技术发展趋势、行业结构发展趋势、行业区域布局趋势等进行分析判断。如输配电设备制造行业，未来技术和产品将朝大容量（特高压输变电）、智能化、轻型化、节能环保和安全可靠方向发展，中低端输配电设备发展空间有限，因此在信贷投向上，应优先拓展高端输配电（特高压输变电、智能电网等）设备的生产企业，谨慎介入产品同质化严重、核心技术水平一般的中低端输配电设备生产企业。

2. 重点分析行业存在问题，以便于揭示行业信贷风险。行业发展过程中存在的问题是行业信用风险的重要来源。准确认识行业存在问题，特别是了解影响产业可持续发展和信贷安全的核心问题，可前瞻性、有针对性地规避相关行业信贷风险。当前，中国工业领域部分行业在运行过程中面临着发展方式粗放、技术相对落后、产能相对过剩、供求"两头在外"、核心部件依赖度高、环保安全隐患大等主要问题。如我国机械工业在基础零部件、基础工艺、基础材料等基础领域技术水平和自主生产能力不强，严重受制于国外厂商，国内一些大型装备企业即使具备成套设备生产能力，但也缺乏零部件核心竞争力，使得产品综合附加值不高，因此在行业信贷决策时需充分考虑企业的核心部件自主生产能力，以避免企业"受制于人"时出现信贷风险。

3. 重点分析行业客户结构，以便于优化行业信贷结构。行业信用风险管理一个重要优势就是宏观与微观相结合，通过行业内微观客户的分析，把握行业信贷客户选择标准，实施客户分类管理，从而达到优化行业信贷结构的目的。因而，分析行业结构特别是客户结构十分重要且必不可少。在分析客户结构时，重点要分析客户总量情况、客户规模结构、客户子行业结构、客户区域结构、客户所有制结构等。以机械工业为例，该行业集中度较为分散，中小企业、民营企业和外资企业众多，因此在制定行业管理政策措施时，须充分考虑中小、民营和外资企业的信贷价值，分别制定合理的信贷选择标准，避免出现"一刀切"现象。

（二）围绕产业转型升级加强行业细化研究

中国产业转型升级的推进和商业银行信贷结构的调整，对加强行业精细化研究和分析提出了更高要求。近年来，中国商业银行逐步调整信贷结构，从传统电力、公路、房地产、城建等四大基础行业向先进制造业、现代服务业、文化产业和战略性新兴产业等新的信贷蓄水池转变。深入了解转型升级领域行业的生产工艺、技术特征、业务模式和风险点，是拓展该领域信贷的重要前提。

先进制造业、现代服务业等新兴产业市场充分竞争，产业集中度低，中小企业和民营企业多，且商业银行对该领域相对较为陌生。同时由于其子行业类别众多，产品技术复杂，因此在当前信贷结构调整的背景下，需加强对其行业精细化的研究分析。商业银行应深入分析产业发展变迁趋势，准确制定行业信贷投放的战略导向；加强对新兴领域和新兴重点子行业（如装备制造业包括48个行业中类）的深入研究，了解行业内先进技术模式、行业内先进和主导产品，掌握新兴产业发展模式和风险特征；加强对行业营利模式、行业核心技术指标、行业融资特征等微观要素的分析；加强对行业动态信息的获取能力，提升大数据背景下的数据收集、清洗和分析能力；加强外部交流和调研，必要时可借助外部行业专家力量，准确把脉行业发展趋势。

（三）加强行业研究信息积累

收集行业信息首先应掌握行业信息的渠道。权威的行业信息渠道包括国家统计局行业统计数据、行业政府主管部门发布的行业信息和产业政策、行业主管协会信息资料、专业研究机构（如国务院发展研究中心）或专业数据服务商（如 Wind 资讯）提供的数据信息，以及专业媒体或权威报刊发布的行业信息等。同时，行业信息收集过程中，应加强行业内交流、银行同业交流、行业调查以及行业调研等，通过交流和调研形式掌握行业关键核心信息。在开展行业信息收集过程中，应注意以下几点：

一是建立行业信息数据库。加强信息积累，定期跟踪扫描行业信息来源，并及时将收集到的信息资料进行梳理、筛选、分类和备档，逐步建立方便查询、来源可靠的信息数据库，以提高行业分析的效率。二是注重参加行业会议、行业展会。通过与行业内部的交流，及时掌握行业动态信息、最新信息，了解行业运行的实际经营模式或潜在运行规则；通过行业展会了解产业最新技术模式和先进产品。三是重视行业协会的信息渠道。对于一些充分竞争的、非国民经济基础性的产业，如电工电器、工程机械等领域，政府宏观管理、产业政策导向相对较少，重点依靠行业协会（如中国机械工业协会）发挥行业规范、规划引导及信息发布等基础管理功能。四是加强行业客户调研。积极开展行业内重点客户调研，掌握行业一手信息资料，了解行业客户生产经营、发展规划、融资需求及其融资保障措施，通过实地考察方式，掌握行业经营情况及融资风险状况。五是注重产业政策的信息分析。通过产业政策透露的信息，掌握行业核心技术指标及装备工艺要求，了解产业的重点区域布局、重点产业集群、重点龙头企业、重点技术改造和产品发展方向等内容。同时，不仅要关注国家产业政策，还需重视省、市等区域产业政策。

二、积极运用行业信用风险定量工具

（一）做好行业信用风险量化管理基础工作

商业银行要积极运用风险管理的量化工具和手段，以提升行业信用风险管理的科学化和精细化水平。20 世纪 90 年代以来，现代信用风险管理领域量化理论分析取得重要进展，金融风险量化管理实践也在国外银行业积极开展。特别是《巴塞尔新资本协议》为商业银行信用风险的量化管理提供了重要指导。例如经济资本可按照不同业务线（含行业维度）进行计算，并对各类风险资本统一加总，达到资本约束风险、风险与收益平衡的管理目标。《巴塞尔新资本协议》中内部评级法（尤其是高级法）鼓励银行对风险管理采用基于计量模型的度量方法。中国银监会 2012 年出台的资本管理办法，在实质上也推动信用风险的量化管理，鼓励商业银行加强数据积累、完善量化模型，并推动风险量化在管理中的应用。对于行业信用风险计量来说，应充分借鉴风险管理领域的计量方法和模型，从行业计量的维度加以实践和运用。

商业银行要做好行业信用风险管理量化的基础工作。无论是实施行业风险评级、行业限额管理和行业组合管理，还是进行行业风险的情景分析或压力测试，精确的风险计量是开展实践应用的基础，而精确的风险计量又要求完整准确的数据信息以及行业风险管理的技术模型。因此，商业银行要加强行业风险计量的基础管理。一是加强行业信息数据储备、大数据挖掘与信息系统建设；二是开发行业信用风险管理模型，同时也要验证和防范模型风险；三是加快推进商业银行内部评级法的建设，为行业信用风险管理提供风险要素（如 PD、LGD）数据。通过集中行业风险的数据信息，运用完善的方法和模型，实现科学的行业风险量化管理，有效防控行业信用风险，并引导行业信贷投向布局。

（二）加强行业信用风险计量成果的运用

1. 科学制定行业风险限额。商业银行应完善行业限额计量模型和方法，加快推进行业风险限额管理制度，建立完整的行业风险限额定量指标体系，通过行业风险限额体现商业银行行业风险偏好和风险政策。在实践中，一是可按照行业分地区或分产品等维度设置细化的行业限额，通过实施行业限额管理来优化信贷结构。二是可逐步推进从行业信贷限额向行业信用风险限额的转变，由行业贷款总量管理向行业风险总量管理，如对商品融资等具备有效担保措施的产品，在风险计量上可降低其风险限额的制定要求。三是针对限额全口径融资管理的需求，开发全口径融资限额管理系统。

2. 开展行业风险组合管理。实施行业组合管理是加强行业信用风险管理的最理想方式，行业组合管理依赖准确的风险计量和收益评估。目前国际先进商业银行的常用方法是，按照经风险调整后的收益最大化原则，根据行业间信用风险的相关性等影响因素，设计行业信用风险组合的最优方案。在我国商业银行应用中，可结合专家意见，加快组合管理方法在行业风险管理中的应用。同时，根据风险控制与收益目标，如发现行业组合中存在风险收益不匹配的子行业，可提出完善风险与收益匹配程度的具体调整方案。

3. 探索行业情景分析和压力测试。商业银行可设计宏观经济大幅波动、行业面临突发事件等特定情景，并根据各种风险因素对行业信用风险影响的传导机制，分析具体情景对行业信用风险的影响。根据情景分析和压力测试流程，首先确定假设条件，建立分析模型，进行单因素的敏感度分析和多因素的情景分析；其次根据压力测试结果，提出行业风险管理建议。

三、构建全面行业信用风险管理体系

针对当前银行多元化、国际化和综合化经营的发展趋势，中国商业银行应按照行业信用风险全产品覆盖、全球覆盖和全机构覆盖的要求，积极构建全面的行业信用风险管理体系。

（一）构建覆盖全产品的行业信用风险管理体系

当前，国内银行行业信用风险管理不仅要加强对传统信贷业务管理，更要加强对全口径信用风险的管理。部分银行风险事件表明，表外业务及理财等创新业务亦能引发较大行业系统性风险。如当前造船行业非融资保函（以预付款保函为主）业务风险突出，大连 STX 造船公司、

山东神飞船舶制造公司、浙江中欧船业等船企保函已多次遭遇船东索赔，涉及银行预付款保函近 100 亿元，银行垫付风险较大。以代客理财投资为例，近期媒体广泛关注的山西振富能源集团由中诚信托发行信托计划，涉及商业银行理财资金 30 亿元，由于煤炭行业周期下行，企业经营状况恶化，无力兑付到期理财融资。按照监管机构"买者自负、卖者有责"的原则，商业银行将面临较大的声誉风险甚至出现信用风险。

因此，在银行业务经营转型的背景下，商业银行行业信用风险管理体系应不仅局限于管理表内项目贷款、流动资金贷款和贸易融资等传统信贷风险，还应实施对表外业务、涉及融资客户的金融资产服务业务的管理，实现全产品、全口径融资的行业全面信用风险管理。一是完善表外及金融资产服务业务的行业政策标准，实现其与传统信贷业务标准的有效衔接，避免出现政策套利情况。二是探索实施全口径的行业限额管理，逐步将表外及金融资产服务业务纳入限额管理范围之内。三是当前要严格规范产能过剩行业、房地产行业及政府融资平台管理，防止其因贷款业务受到限制，而通过表外业务、债券投资、金融资产服务业务等其他方式获得融资，集聚新的信用风险。四是当前应关注并切实防范部分重点表外业务产品及理财业务产品的信用风险，如对涉外保函表外业务及非标债权业务，建议执行不低于传统信贷业务的信贷标准。

（二）构建覆盖境外业务的行业信用风险管理体系

近年来，我国产业"走出去"日益增多，国家"一带一路"战略稳步实施，商业银行发挥境内境外联动的优势，有力地促进了中国国际贸易发展和对外投资合作。中国商业银行的境外业务由于受机构和人员的限制，主要以公司客户贷款为主，重点包括两个部分，一是积极服务中国产业"走出去"骨干企业，二是服务境外当地优质企业。如中联重科和三一重工分别于 2008 年和 2011 年收购了全球混凝土机械领先企业意大利 CIFA 公司和德国普茨迈斯特公司，提升了设备技术水平，整合了全球销售网络；在此过程中，我国商业银行通过多元化"走出去"产品给予了金融支持。但同时，境外贷款业务也面临相当的信用风险，一些以"内保外贷"方式办理的"走出去"融资，其实质风险仍在国内，一些境外业务同样面临较大的行业风险，如在当前我国钢铁行业不景气的背景下，国际铁矿石价格走低，澳大利亚、巴西地区采矿行业信用风险较为突出。

考虑到当前中国商业银行行业信贷管理主要针对境内业务，下一步可推进行业信贷政策的国际化拓展，将境外信贷业务纳入行业信用风险的管理范围内，积极保障境外业务的稳健发展。一是对"走出去"信贷业务的行业信用风险进行分析，对实质风险仍留在国内的业务，应严格执行行业信贷政策要求；二是加强对境外国家或地区相关重点行业的分析，制定针对境外行业信贷业务的行业信贷政策；三是加强国别风险分析，特别是关注新兴市场国家的政治稳定性、宏观政策波动性、政府偿债能力等风险因素。在此基础上，逐步构建完善覆盖全球的行业信用风险管理政策体系。

（三）构建覆盖全集团的行业信用风险管理体系

认真分析综合化经营背景下商业银行集团控股子公司的业务模式和风险特征。在租赁板块，通过开展厂商租赁业务，可满足企业（承租人）扩大产品销售、分散业务风险的业务需求；合理提供新购设备租赁等产品，可满足承租人技术改进和资源整合的需求；合理提供跨境租赁产品，可支持承租人积极拓展海外市场。但同时，合理评估承租人的信用风险是业务开展的前提，承租人的信用风险主要体现在其综合实力和偿租能力上，这与其所处行业密切相关；通过对承租人行业信用风险的判断，有助于租赁公司开展业务决策，设定租赁资产价值限额和偿租方式。同样，商业银行在投行、证券等领域投资业务也与其投资对象的信用风险密切相关。如债券投资的风险直接体现为企业信用风险，股权投资的风险主要为市场风险，虽不直接与信用风险相关，但企业的经营实力及其信用风险的大小对其市场价值具有重要影响。近年来，我国不少光伏企业、风电设备企业在海外上市，该类企业在国内属于行业信贷严格控制的领域，但同时个别银行控股子公司对其海外上市进行了股权投资，随着行业经营状况的恶化，因其股价大跌遭受了一定的市场损失。

鉴于当前行业信贷管理主要覆盖银行业务，缺乏对其控股子公司的指导，因此下一步可将行业信用风险管理政策覆盖至银行集团内的全部控股机构，构建覆盖全集团的行业信用风险管理体系。对于租赁和投资等直接承担信用风险的业务，可纳入行业信贷政策进行管理，按照行业准入和客户分类标准，选择客户并执行相应的投融资管理要求；对行业信贷政策明确的劣势企业，要严格限制新增融资租赁和债券投资等金融业务。对于证券和基金等主要承担市场风险的业务，可参照行业信贷政策的有关内容，根据行业政策对行业风险和行业内客户选择的判断，合理选择股权投资对象或基金投资对象，避免因客户选择失误而遭受重大市场损失。

四、密切关注经济转型过程中的行业信贷风险

在当前宏观经济增速放缓、经济转型加快的大背景下，商业银行应重点关注经济增速放缓带来的周期性风险、产业转型升级带来的结构性风险、产能过剩矛盾带来的系统性风险、绿色低碳发展带来的环保风险等。根据产业结构变迁和行业发展趋势，并结合监管部门要求，今后一段时期中国商业银行应重点关注以下行业和领域信贷风险。

（一）产能过剩行业

当前产能过剩行业整体经营状况较差，且去产能化将是一个长期艰难的过程，对商业银行资产质量造成较大压力。据国家统计局调查统计，2013 年第二季度末工业产能利用率平均只有 78.6%，闲置产能高达 21.4%。产能过剩正从钢铁等传统行业向风电设备等新兴产业扩展，一些过剩行业投资增长仍然较快，进一步加剧了产能过剩矛盾。除国家明确的钢铁等 5 大严重过剩行业外，造纸（淘汰落后产能占比 12%）、化纤（装置负荷率为 75%）、化工（甲醇装置平均利用率约为 55%，烧碱约为 75%，纯碱约 72%，聚氯乙烯约 60%）、纺织、建材等行业也存在很大的产能过剩压力。因此，商业银行应进一步加强产能过剩行业融资风险防控。积极贯彻产业政策和监管政策，完善差别化信贷政策，细化产能、能耗、工艺、环保等政策标准，继续对过剩行业融资风险进行排查，明确压缩退出要求，前瞻性的防范融资风险，同时，积极支持产能"消化、转移、整合、淘汰"和转型升级。

（二）政府融资平台

当前，地方政府资金持续紧张，融资总量持续增加，部分地区通过非贷款、BT 等方式融资风险更为隐蔽。《中共中央关于全面深化改革若干重大问题的决定》（2013 年颁布）提出土地及财税改革方向，相关举措将直接影响地方政府的土地转让收入等可支配财力。特别是当前个别地方政府财政收入有限、资金持续紧张、还款能力和意愿不强，风险不容忽视。因此，商业银行应切实防范政府融资平台风险，加强政府融资平台融资总量控制，实行监管口径和内部管理口径的统一管理，做好重点区域风险监控工作；同时，认真贯彻监管要求，对新建项目和在建续建项目予以区别对待，切实防范合规性风险。

（三）房地产行业

受政策调控、市场泡沫等因素影响，房地产市场走势不确定性增大，房地产业系统性风险有所累积。2014 年全国商品房销售面积 12.06亿平方米，较上年下降 7.6%；2014 年末全国商品房库存（待售面积为）6.22 亿平方米，较 2013 年末增长了 382.9%；销售总量约为库存量的 2 倍（一般合理水平是 3 倍以上），反映库存量处于较高水平。部分三四线城市房屋空置率较高，温州、鄂尔多斯等地产泡沫突出的地区，风险已经暴露；另外部分中小房地产商资金更趋紧张，经营风险加大。因此，商业银行应加强对房地产贷款的投向管理，加强对部分三四线城市房地产风险防控，严格控制向中小房地产企业发放房地产开发贷款，通过健全项目建设进度与销售款同步回流机制等政策措施，防控存量房地产信贷风险。

（四）传统加工制造业

我国纺织、化工、化纤、造纸、焦炭、轮胎等一些传统加工制造业市场竞争激烈，粗放发展特征明显，转型升级相对滞后，系统性风险和结构调整风险增大，特别是其中的部分落后工艺、落后技术、落后产能企业将逐步面临淘汰。因此，商业银行应加强防范传统加工制造行业系统性信贷风险，加强对传统资源及周期性行业跟踪分析，坚持贷款总量与行业规模、发展水平和区域经济的匹配，严格客户准入要求，及时退出低端落后企业融资，加强融资结构调整，避免发生系统性风险。

（五）环境敏感行业

党的十八大提出了"生态文明"和"美丽中国"的要求，将大力推进节能减排、加快淘汰落后产能，提高环保标准并加大环保监管力度，集中优先解决饮用水、大气、土壤、重金属、危险化学物的污染及防治问题。因此，商业银行需持续高度关注"两高""涉霾"、水污染等环境敏感行业的环境与社会风险，合理确定环境敏感行业范围，严格行业绿色信贷标准，继续加强对重金属污染、高危化学品行业融资管控，同时注重加强潜在环保社会风险的监测评估，避免声誉风险。

五、积极发挥行业信贷促进产业转型升级作用

当前，中国正处于产业转型升级的"换挡期"，产业转型升级是实现经济结构调整的重要手段。党的十八大提出要实现农业现代化、新型工业化、信息化和城镇化的"四化"同步发展，为产业转型升级提供了方向。今后一段时期，我国产业转型升级和产业结构调整的重点方向是：一是加快发展现代农业，提升农业产业化发展水平，培育新型农业经营主体，加快发展农业基础设施，促进农产品加工和流通业发展；二是加快工业制造业领域的改造提升，调整优化产业结构布局，培育战略性新兴产业，促进传统产业的技术改造升级，提升信息化发展水平；三是大力推进服务业发展，加快现代物流、高新技术服务、商务服务等生产性服务业发展，促进商贸、旅游等生活性服务业发展；四是促进文化产业的繁荣发展，支持影视制作、出版发行、印刷复制、文化创意、演艺娱乐等重点文化产业；五是推动新型城镇化建设，统筹城乡一体化发展，发展城市公共交通和城市公共事业，加快棚户区和保障房建设。

通过优化行业信贷投向，引导产业转型升级，是商业银行贯彻国家产业政策导向、履行社会责任的客观要求，也是实现可持续发展、保障金融资产安全的内在需要。商业银行应围绕产业转型升级方向，按照风险防控优先的原则，加大对转型升级重点行业领域的金融支持，选择发展前景好、融资需求大的重点行业领域，给予合理的信贷支持，充分发挥积极促进产业转型升级的重要作用。

（一）支持现代农业发展

随着我国经济发展和农业产业化水平的提升，我国现代农业目前面临良好的发展前景。现代农业涵盖范围广泛，以农业种植为基础，还包括农产品加工、流通、仓储和农业基础设施建设等领域。在种植领域，现代农业合作社、家庭农场等新型农业经营主体融资需求较大。在农产品加工流通等现代农业产业链领域，行业发展前景良好，产业化龙头企业较多，具有较大的融资空间。在农业基础设施领域，主要以国家财政资金满足资金需求为主。根据现代农业的产业结构和发展特征，商业银行应加大对现代农业领域的支持力度，通过试点方式稳妥支持农业合作社、家庭农场等现代农业经营主体融资需求，积极支持农产品加工和流通领域内的产业化龙头企业，大力支持农业机械产业发展；并根据农产品订单、土地经营权抵押、农民住房财产权抵押等方式，创新产业链融资等和两权抵押贷款现代农业金融产品。

（二）支持现代服务业发展

当前我国服务业占 GDP 的比重明显低于发达国家水平，但现代服务业发展势头较好，新兴业态及产业迅猛发展。未来居民收入水平的提高、城镇化的推进、社会分工的细化及信息技术的发展等均为服务业发展提供良好基础，在文化、旅游、住宿、物流、商贸、健康等重点服务业领域有较大的融资需求。根据行业风险和融资特征，商业银行应重点投向有稳定经营现金流的文化旅游、电影院线以及重点城市商务设施等领域；积极支持电信、广电及配套基础设施及产业链融资；顺应物流业快速发展趋势，支持供应链物流、仓储配送等领域优质客户；支持商贸流通业龙头骨干企业。

（三）支持先进制造业转型升级

我国制造业正处于工业转型升级的关键时期，以高端装备制造、节能环保设备和新材料等为代表的战略性新兴产业和传统制造业改造提升有较大发展潜力；交通运输设备、农产品加工等消费产品领域仍具有较好的发展前景；而以"两高一剩"为代表的重化工业和技术低端落后的传统制造业发展空间十分有限。商业银行应适度支持高端装备制造、重点汽车制造、农产品深加工等领域的行业领先企业，择优支持新能源汽车、新材料、节能环保等战略性新兴产业。同时，通过兼并重组贷款、"走出去"金融服务等多元化业务产品，促进制造业转型升级。

（四）有序支持新型城镇化领域建设

城镇化将在今后一段时期成为带动我国经济发展的重要力量。未来城市供水、燃气、污水和垃圾集中处理等城市公用基础设施需进一步完善，城市更新改造、棚户区改造、城市轨道交通、产业集聚区、新农村（小城镇）建设等领域仍有较大融资需求。商业银行应按照统筹考虑、总量控制及商业化、市场化运作的原则，适度支持特大型及大型城市轨道交通、土地储备、城市更新改造、棚户区改造、公用事业等领域建设；支持教育、医疗、养老、保障房等民生领域发展；支持优质开发区及国家重点战略规划区建设；优选区域支持新农村（小城镇）建设。

（五）合理支持保障民生的重大基础产业项目

鉴于稳增长、补短板和促就业的需要，未来我国基础设施投资将保持合理增速，国家通过投资体制改革，拓宽其投融资渠道，一批保障民生和支撑经济发展的铁路、公路、电网等国家重大项目及在建续建项目仍需金融支持。商业银行应适度支持高速铁路、高速公路等重点项目，核电、大型水电等新能源发电项目，以及满足长距离运输需求的特高压输配电等项目；同时，积极培育国家级环境与江河流域治理工程、重点能源产业等战略性板块的潜在信贷市场。

总结与展望

本书试图构建较为完善的行业信用风险管理研究体系。基于行业信用风险管理的相关理论、实践和监管要求，按照风险识别、风险度量和风险控制的风险管理流程，重点研究了行业信用风险影响因素、行业信用风险评级与限额以及行业信用风险管理政策体系。最后对现阶段中国商业银行加强行业信用风险管理的提出了政策建议。通过本书以上的研究，有关内容总结如下：

一、行业信用风险管理是信用风险管理的重要维度，也是中国商业银行加强信用风险管理不可缺少的政策工具。当前，中国产业结构调整步伐加快，行业信用风险特征日益突出，同时在经济金融新常态背景下信用风险表现形式复杂多样，过度依赖客户风险控制的管理模式难以满足防范系统性风险的需要，因此，实施行业信用风险管理对于中国商业银行防控系统性信用风险具有重要意义。

二、行业信用风险管理研究应结合中国产业发展和商业银行管理的现状，从行业信用风险的识别、度量和控制三个维度开展。在识别行业信用风险方面，应重点关注宏观经济环境、行业运行特征、产业政策导向和行业财务运行状况等因素，特别是产业政策导向对现阶段行业信用风险具有重要影响。在度量行业信用风险方面，应根据中国商业银行实际情况构建行业风险评级和行业限额的模型方法，加强数据积累和信息系统建设，逐步提高风险度量水平。在控制行业信用风险方面，应通过建立行业评级体系、实施行业限额管理、制定行业信贷政策、发布行业风险预警、强化行业绿色信贷管理等政策工具，积极防范行业信用风险。

三、当前中国商业银行应积极把握经济金融新常态，围绕银行改革发展和经济转型升级提高行业信用风险管理水平。在现阶段，要重点加强行业精细化研究分析，积极运用行业信用风险管理定量工具，提升行业风险管理的基础能力；针对商业银行多元化经营、全球化经营和综合化经营，构建覆盖全面的行业信用风险管理体系；充分认识经济转型升级过程中面临的挑战和机遇，积极防范传统行业信用风险，同时通过金融支持手段积极促进产业转型升级。

由于个人能力有限，本书在研究过程中存在诸多不足，理论研究深度不够，希望在后续研究中可从以下方面进行补充和完善。一是在行业信用风险识别时，通过实证研究方法进一步提炼影响行业信用风险的核心因素及其影响程度；二是借鉴国际先进商业银行在行业信用风险管理方面的理论模型和管理经验，对行业风险评级和限额进行更为精确的定量研究；三是针对行业信贷管理如何促进中国产业转型升级进行深入研究，从行业信贷投向布局和信贷资源配置等方面，提出更为细化的行业信贷管理策略。

参考文献

（一）英文文献

Moody's. Credit risk at the industry level: Current Indicators and Recent Trends for Non – Financial Corporations ［R］. 2004.

Standard & Poor's. Request For Comment Methodology Industry Risk For Corporate And Public Finance Enterprises ［R］. 2013.

DBRS. Base General Methodology for Corporate Companies ［R］. 2013.

Philippe Jorion. Value at Risk: the New Bench Mark for Controlling Market Risk ［M］. McGraw – Hill, New York, 1997.

John B Casouette, Edward I Altman, Paul Narayanan. Managing Credit Risk: the Next Great Challenge ［M］. John Wiley & Sons, 1998.

Anthony Saunders. Credit Risk Measurement: New Approaches to Value at Risk and Other Paradigms ［M］. John Wiley & Sons, 1999.

KMV Corporation, Credit Monitor overview ［R］. 1993.

Jacques Longerstaey, Martin Spencer. Risk Metrics TM – Technical Document ［R］. Morgan Guaranty Trust Company of New York, New York, December, 17, 1996.

JP Morgan. Credit Metrics, Technical Document ［R］. 1997.

Credit Suisse First Boston. Credit Risk +: A Credit Risk Management Framework ［R］. Credit Suisse First Boston International, 1997.

Committee on Regulation and Supervision. Response to Basel's Credit Risk Modeling:

Current Practice and Applications [R] . Global Association Risk Professionals, New York, September, 1999.

Basel Committee on Banking and Supervision. The Internal Ratings – Basel Approach [R] . Bank for International Settlements, Basel, January, 2001.

Markowitz. Portfolio Selection [J] . Journal of Finance, 1952 (7): 77 – 91.

Markowitz. Portfolio Selection: Efficient Diversification of Investments [M] . New York, Wiley, 1959.

Sharpe WF. Capital Asset prices: A Theory of Market Equilibrium Under Conditions of Risk [J] . Journal of Finance, 1964 (19): 425 – 442.

Altman E I. Financial Ratios, Discriminant Analysis and the Prediction of Corporate Bankruptcy [J] . Journal of Finance, 1968 (23): 589 – 609.

Black F. Capital Market Equilibrium With Restricted Borrowing [J] . Journal of Business, 1972 (45): 444 – 454.

Black F, Scholes M. The Pricing of Options and Corporate Liabilities [J] . Journal of Political Economy, 1973 (81): 637 – 659.

Black F, Seholes M. From Theory to A New Financial Product [J] . Journal of Finance, 1974 (5): 399 – 412.

Robert Merton. On the Pricing of Corporate Debt: the Risky Structure of Interest Rates [J] . Journal of Finance, 1974.

Coats P, K Fant. Recognizing Financial Distress Patterns Using a Neural Network Tool [J] . Financial Management 1993 (22): 142 – 155.

Kupiec, P. Techniques for verifying the accuracy of risk measurement models [J] . Journal of Derivatives, 1995 (3), 73 – 84.

Das S R, P Tufano. Pricing Credit – Sensitive Debt When Interest Rates, Credit Ratings and Credit Spreads are Stochastic [J] . Journal of Financial Engineerings, 1997b: 161 – 198.

Lopez, J. A. Regulatory evaluation of value – at – risk models [J] . Journal of Risk, 1999a (1): 37 – 64.

Michael Crouhy, Dan Galai, Robert Mark. A Comparative Analysis of Current Credit Risk Models [J] . Journal of Banking & Finance, 2000 (24): 59 – 117.

Nickell, P., Perraudin, W., Varotto, S. Ratings – versus equity – based credit risk modelling: An empirical analysis [J]. Journal of Banking and Finance, 2000 (24): 167 – 201.

Altman E I, Saunders A. An Analysis and Critique of the BIS Proposal on Capital Adequacy and Ratings [J]. Journal of Banking & Finance, 2001 (25): 25 – 46.

Meyer P A, Pifer H. Prediction of Bank Failures [J]. Journal of Finance, 1970 (25): 853 – 868.

Jonkhart M. On the Term Structure of Interest Rates and the Risk of Default [J]. Journal of Banking and Finance 1979 (3): 253 – 262.

Iben T, R Litterman. Corporate Bond Valuation and the Term Structure of Credit Spreads [J]. Journal of Portfolio Management, 1989 (26): 433 – 456.

K Howard. An Introduction to Credit Derivatives [J]. Derivatives Quarterly, 1995 (2).

P Jorion. Risk: Measuring the Risk in Value at Risk [J]. Financial Analysts Journal, 1996 (5).

James C. RAROC – Based Capital Budgeting and Performance Evaluation: A Case Study of Bank Capital Allocation. University of Florida, 1996.

Fadil M W. Problems with Weighted – Average Risk Ratings: A Portfolio Management View [J]. Commercial Lending Review, 1997 (1): 23 – 27.

Treacy, W. F., Carey, M. Credit risk rating at large US banks. Federal Reserve Bulletin, 1998: 897 – 921.

Altman E I. Predicting Finance Distress of Companies: Revisiting the Z – Score and ZETA Models [J]. Journal of Finance, 2000 (7): 18 – 20.

Fried Joel, Peter. Credit Rationing and Implicit Theory [J]. Journal of Money, 2001 (12).

Palisades Corporation. Risk – Advanced Risk Analysis for Spreadsheets. Newfield New York, 1996.

Stephen Kealhofer. Portfolio Management of Default Risk. Net Exposure, 1996 (2): 81 – 95.

Avery R B, R W Bostic, P S Calem, G S Canner. Credit Risk, Credit scoring and the Performance of Home Mortgages. Federal Reserve Bulletin, 1996 (6): 621 – 648.

Merrill Lynch. Credit Default Swaps. New York, Global Fixed Income Research, October, 1998.

Koyluoglu H. U. , Hickman, A. A Generalized Framework for Credit Risk Portfolio Models. Manuscript, Oliver Wyman & Company, 1998.

Alexander Reining. Monte Carlo Simulation in the Integrated Market and Credit Risk Portfolio Model [R]. Algorithmics Inc, 2001 (8).

Citigroup, HSBC, Credit Suisse Group, Wells Fargo & Company. Annual Report, 2012 – 2014.

（二）中文文献

宗进奎，程玉德，张振华等："完善行业信贷管理防止国有批发企业信贷资产流失"，《中国金融》，1993 年 02 期。

韩秋月："行业波动与国有商业银行信贷风险研究"，《农村金融研究》，1999 年 10 期。

汪竹松："关于行业分析和行业信用风险评级的思考"，《新金融》，2000 年 12 期。

武剑："论我国商业银行的行业风险评级与信贷管理"，《新金融》，2003 年 02 期。

赵庆森："商业银行信贷风险与行业分析"，《经济日报》，2004 年 2 月 18 日。

周燕："2004 商业银行信贷投资决策过程中的行业分析"，《商业研究》，2004 年 11 期。

魏国雄："商业银行应时刻关注行业信贷风险"，《银行家》，2004 年 03 期。

黄峰："我国商业行业信贷风险管理研究"，《上海综合经济》，2004 年 12 期。

李麟："行业风险控制管理创新的思考"，《金融管理与研究》，2004 年 08 期。

蔡玉林、刘莉、徐晶："我国商业银行信用风险管理研究"，《市场周刊（财经论坛）》，2004 年 07 期。

王树林、闫鹏、姜明辉、王海伟等："基于风险效益综合指数的银行信贷行业选择"，《哈尔滨工业大学学报》，2005 年 03 期。

武剑："论风险限额管理体系的构建和应用"，《济南金融》，2006 年 11 期。

张宗益等："基于行业分类的商业银行信用风险的度量"，《统计与决策》，2006 年 11 期。

王娓娓："银行信贷管理中行业分析问题探讨"，《市场周刊（理论研究)》，2006年07期。

姚奕、杜音颖："解读巴塞尔新资本协议资本计提的原则和方法"，《新金融》，2007年第03期。

陈红艳、张桂霞："商业银行信贷集中行为探讨"，《财会月刊》，2007年第11期。

郭伟等："我国工业行业信贷资金配置效率研究_基于EVA的面板数据分析"，《财会通讯》，2007年04期。

郑冲："西方商业银行行业信用风险管理经验及其启示"，《新金融》，2007年04期。

毛长飞等："分行业的企业财务危机预警模型比较研究"，《统计与信息论坛》，2007年06期。

郭建鸾："我国商业银行公司信贷风险管理的行业思维"，《中央财经大学学报》，2008年02期。

盛方富、颜廷峰："商业银行行业信贷集中衡量指标体系设计_以安徽省数据为例"，《北方经贸》，2008年09期。

熊利平、唐岫立、刘春航："我国高耗能、高排放行业信用风险研究"，《宏观经济管理》，2008年01期。

庞加兰："加拿大商业银行风险管理的实践与借鉴"，《改革与战略》，2008年07期。

尹占华、王晓军："行业信用风险之度量"，《财会月刊》，2009年18期。

顾乾屏："商业银行法人客户信用风险模型研究"[D]，清华大学，2009年。

陈红艳："银行信贷中的行业风险测度"《金融论坛》，2010年12期。

王赛："基于KMV模型的我国房地产行业信用风险度量"，《知识经济》，2010年08期。

肖冰、李春红："基于Logistic模型的房地产行业信用风险研究"，《技术经济》，2010年03期。

王炎："金融支持产业健康发展"，《装备制造》，2011年Z1期。

杨晓奇、刘絮："经济资本在行业风险限额管理中的应用研究"，《金融发展研究》，2010年10期。

许敏："商业银行信贷资源的行业配置方法研究"，《新金融》，2011年09期。

刘肖原："我国信贷投向行业集中的测度及风险防范"，《经济研究参考》，2011年35期。

许敏："商业银行信贷资源的行业配置方法研究"，《新金融》，2011年09期。

李兴卫："行业限额管理"，中国农业银行研究资料，2011年12月。

王劼、张秋林："行业信用风险分析框架及其在煤炭行业中的应用"，《煤炭经济研究》，2012年03期。

刘铁彬："产能过剩行业信贷风险分析及化解"《中国经贸导刊》，2013年35期。

戴红军、孙涛："商业银行信贷管理中行业风险评价研究"，《会计之友》，2013年31期。

房巧玲、崔宏、王金涛："信贷资产行业配置与商业银行经营绩效"，《金融论坛》，2013年08期。

徐劲："行业信用风险限额测算的方法与实证"，《统计与决策》，2013年22期。

刘轶、刘银、周嘉伟："资本监管、风险偏好与银行信贷行业选择"，《金融监管研究》，2013年11期。

张帆等："行业信用风险评价方法研究"，《中债资信评估公司专题报告》，2013年9月。

张昕："我国商业银行公司信贷风险管理的行业思维"，《现代经济信息》，2014年03期。

巴塞尔银行监管委员会：《巴塞尔新资本协议－统一资本计量和资本标准的国际协议：修订框架》，2004年9月第1版，中国金融出版社。

［美］菲利普·乔瑞：《风险价值VAR》，2005年1月第1版，中信出版社。

［美］米歇尔·科罗赫、丹·加莱、罗伯特·马克：《风险管理》，2005年1月第1版，中国财政经济出版社。

［美］阿诺·德．瑟维吉尼、奥利维尔·雷劳特：《信用风险度量与管理》，2005年7月第1版，中国财政经济出版社。

查尔斯．史密森：《信贷资产组合管理》，2006年9月第1版，中国人民大学出版社。

章彰：《解读巴塞尔新资本协议》，2005年1月第1版，中国经济出版社。

武剑：《内部评级理论、方法与实务—巴塞尔新资本协议核心技术》，2005 年 7 月第 1 版，中国金融出版社。

苏东水：《产业经济学》，2010 年 8 月第 3 版，高等教育出版社。

李廉水：《中国制造业发展研究报告 2010》，2010 年 11 月第 1 版，科学出版社。

国家统计局：《国民经济行业分类注释》，2011 年 4 月第 1 版，中国统计出版社。

胡胜：《现代商业银行信用风险度量与管理》，2011 年 5 月第 1 版，中国金融出版社。

陈刚：《我国商业银行信用风险的度量与评估研究》，2013 年 11 月第 1 版，知识产权出版社。

花旗银行（中国）有限公司：《2013 年度信息披露》，2013 年。

巴塞尔银行监管委员会：《巴塞尔协议Ⅲ：综合版》，2014 年 1 月第 1 版，中国金融出版社。

工商银行、农业银行、中国银行、建设银行 2006—2014 年年报。